Gabriele Hartlieb (Hg.)

Die Stille im Advent erleben

HERDER spektrum
Band 5428

Das Buch

Nur noch vier Wochen bis Weihnachten! Damit der 1. Advent nicht der Startschuss zur hektischsten Zeit des Jahres wird, sondern der Beginn einer besonderen und besonders schönen Zeit: Weniger machen. Dafür das Wesentliche. Langsamer werden. In Ruhe: intensiver leben. Den Rhythmus der dunklen Jahreszeit spüren. Und Heilig Abend nicht erschöpft vom erfolgreich zurückgelegten *count-down* und erfüllt nur vom allzu reichlichen Festessen im Sofa versinken – sondern einen Tag feiern, der anders ist als alle anderen Tage des Jahres. Diesen Tag vielleicht einmal anders begehen: das beginnt schon vor dem 4. Advent. Dinge abzusagen, kann dazugehören; auf das Leise zu achten, und einen Abend lang vielleicht vor allem mal auf die Pausen eines Musikstückes zu hören; das Warten neu zu entdecken und mit ihm die Vorfreude; langsam zu machen, gerade wenn man es eilig hat; auch mit Unfertigem zufrieden zu sein und das Beste daraus zu machen. Stille ist nicht einfach da; aber sie lässt sich finden, stellt sich ein und übt, auch in kleinen Portionen genossen, eine Wirkung aus, die als Gelassenheit durch den Tag trägt. – Wer sich nicht unter Druck setzen lassen will von den neuesten Deko-Trends für den Weihnachtsbaum, von den Vorstellungen der Schwiegereltern von einem perfekten Familienfest oder den Wünschen der Eltern an die ungebundenen Kinder, von den Erwartungen der Kinder an eine Mega-Bescherung und den eigenen Ansprüchen an ein wirklich gelungenes Fest; wer sich dem allgemeinen Getöse entziehen und in der vorweihnachtlichen Hektik immer wieder seine Ruhe haben will: der findet in diesem Buch Impulse, Ideen, Texte, die zur Stille führen: vom 1. Advent bis Weihnachten.

Die Herausgeberin

Gabriele Hartlieb, geb. 1967, studierte Germanistik und Theologie und lebt als freie Lektorin und Journalistin in Freiburg. Herausgeberin (zusammen mit Christoph Quarch und Bernardin Schellenberger) von „Spirituell leben. 111 Inspirationen – von Achtsamkeit bis Zufall.“

Gabriele Hartlieb (Hg.)

Die Stille im Advent erleben

Inspirationen für die weihnachtliche Zeit

HERDER

FREIBURG · BASEL · WIEN

Gedruckt auf umweltfreundlichem,
chlorfrei gebleichtem Papier

Originalausgabe

www.herder.de
Herstellung: fgb · freiburger graphische betriebe 2003
www.fgb.de
Fotos: Bertram Walter
Umschlaggestaltung und Konzeption:
R·M·E München / Roland Eschlbeck, Liana Tuchel
Umschlagfoto: © Mauritius
ISBN: 3-451-05428-0

Inhalt

Einleitung

Weihnachten: ein Wort voller Musik. Nicht nur die Weihnachtslieder, die wir schon aus der Kindheit kennen, klingen in diesem Wort. Weihnachten – das hört sich an nach Vorfreude, nach Versprechen und Erfüllung, nach feierlichem Duft und gutem Essen, nach kalter Luft und schönen Kleidern und großen Wünschen und wunderbaren Geschenken. Es klingt nach Staunen und Lachen und Spielen und Glücklichsein. Jeder hat so eine ganz eigene Weihnachtsmelodie – in der auch immer eine Sehnsucht mit klingt: dass alles gut wird. Wir hören sie oft nicht so deutlich, weil es zu laut ist. Weil Weihnachtsschlager scheppern und Panflötenkonzerte das Ohr verstopfen. Weil wir so viel zu tun haben, dass es in uns selber einfach nicht ruhig werden mag.

Wenn es stiller wäre, könnte der Advent – vier ganze Wochen, in denen wir die Tage bis Weihnachten zählen – eine Zeit sein, in der wir unsere eigene Weihnachtsmelodie wieder entdecken. Wir könnten auf die Musik hören, die in uns selber klingt. Wenn es stiller wäre. Und wir ganz bei uns wären, um zu lauschen. Nicht nur mit den Ohren, sondern vor allem mit dem Herzen.

Wir können sie nicht *machen*, die Stille im Advent. Wir können ihr aber Raum schaffen. Eine Viertelstunde lang vielleicht am Tag, zum Lesen und Nachsinnen, zum Sitzen und Nichtstun. Da sind wir bei uns. Und hören, was in uns klingt. Spüren den eigenen Rhythmus. Dieses Buch möchte dazu beitragen. Jede Adventswoche hat darin ihr Thema. Und jeder einzelne Tag stimmt – mit einem Motto, einem einleitenden Text, einer Geschichte und einem Gedicht oder einem Inspirationstext – einen Ton an, der Widerhall sucht. Es sind Tage, die eine Chance sind. Sie sind dazu da, dass wir langsam ankommen, wo wir sind. Im Advent. Und bei uns selbst. „Macht hoch die Tür! Die Tor macht weit!“, so heißt ein altes christliches Adventslied. Die Musik, die wir in dieser Zeit hören, könnte „das Knarren der Pforten des Paradieses“ sein, wie der islamische Mystiker Rumi sie nennt. Sie führt in die Stille: Denn wenn die Pforten des Paradieses sich öffnen, stehen wir erst mal nur da und schauen. Wie Kinder unterm Weihnachtsbaum.

In dieser Stille kommen wir mit unserer Sehnsucht in Berührung, mit unseren Wünschen und Träumen. Mit unseren Erinnerungen, auch den enttäuschenden, aber genauso mit unseren Hoffnungen. Solche Gefühle gehören zu uns, und mit ihnen werden wir auch Weihnachten feiern. Wir werden gelassener und fröhlicher ankommen – bei uns selbst und an Heiligabend – wenn wir uns in den Tagen davor schon auf den Weg gemacht haben. Und wer an Weihnachten darauf wartet, dass das Christkind kommt, sollte daheim sein, bei sich selbst.

Gabriele Hartlieb

I. Langsamer werden und die Zeit spüren

1. Tag

Ankommen: Mach langsam, wenn du's eilig hast

Es passiert so wenig, weil so viel passiert.

Ulrich Schaffer

In Musikstücken ist es oft ein Ritardando, eine bewusst gesetzte Verzögerung, die auf den Schlussakkord vorbereitet. Indem wir langsamer werden, geben wir dem, was kommt, mehr Aufmerksamkeit, ein größeres Gewicht. Wer den Advent langsamer lebt, wird Weihnachten intensiver erleben. Wer sich im Advent Zeit nimmt, wird sie an Weihnachten haben.

Denn um den Weihnachtsstress loszuwerden, hilft es nicht, einfach schneller zu machen. Wer mit einem Endspurt auf Weihnachten zurast, landet an Heiligabend japsend auf dem Sofa.

Vielleicht ist es deshalb – gerade für Menschen, die in einem hohen Tempo leben – gut, aus dem 1. Advent einen Pausentag machen, an dem nichts geschafft, nichts erledigt werden muss. Und an dem gerade dadurch ein Gefühl für Zeit entsteht. Wir spüren die Zeit besser, wenn sie leer ist, wenn wir nicht abgelenkt sind von all den Dingen, die wir in sie hineinstecken.

Und man könnte in diesen Adventstagen Folgendes ausprobieren: eine Sache, die auch schneller ginge, bewusst langsamer machen. Die Frühstückshandgriffe am Morgen zum Beispiel, wenn der Druck besonders groß ist. Mit Sorgfalt die Tassen aus dem Schrank holen. Den Tee- oder Kaffeeduft genussvoll einatmen. Die Kinder nicht drängeln beim Jacke-Mütze-Schal-Handschuhe-Anziehen.

Oder Kerzen: Sie sind nicht nur ein schönes Symbol für das Licht, das an Weihnachten in die Dunkelheit kommt. Wenn wir sie in der Adventszeit zum Frühstück anzünden, bleibt ihr Duft in der Wohnung und begleitet uns tagsüber. Oder er empfängt uns abends beim Nachhausekommen noch als Ahnung. Und weil Duft ganz direkt auf unser Gehirn wirkt und sofort auch Erinnerungen wachruft, kann er unsere Stimmung unmittelbar beeinflussen. Kerzenduft sorgt für Ruhe und Langsamkeit.

Ständige Überbeschäftigung führt allmählich zu einem harten Herzen

Aus diesem, eben diesem Grund lebe ich in ständiger Sorge um dich. Ich fürchte, du hast kein Heilmittel und könntest den Schmerz nicht aushalten und dich deshalb verzweifelt in eine Gefahr stürzen, der kaum mehr zu entkommen wäre. Ich fürchte, sage ich, dass du, eingekeilt in deine zahlreichen Beschäftigungen, keinen Ausweg mehr siehst und deshalb deine Stirn verhärtest; dass du dich nach und nach des Gespürs für einen durchaus richtigen und heilsamen Schmerz entledigst. Es ist viel klüger, du entziehst dich von Zeit zu Zeit deinen Beschäftigungen, als dass sie dich ziehen und dich nach und nach an einen Punkt führen, an dem du nicht landen willst. Du fragst, an welchem Punkt? An den Punkt, wo das Herz hart wird. Frage nicht weiter, was damit gemeint sei; wenn du jetzt nicht erschrickst, ist dein Herz schon soweit.

Das harte Herz ist allein; es ist sich selbst nicht zuwider, weil es sich selbst nicht spürt. [...] Das ist ein Herz, welches sich weder von Reue zerreißen, noch durch Zuneigung erweichen, noch durch Bitten bewegen lässt. [...] Um kurz und knapp alle Übel dieser schrecklichen Krankheit auf einen Nenner zu bringen: einem harten Herzen ist die Gottesfurcht und das Gespür für die Menschen abhanden gekommen.

Schau, dahin ziehen dich diese verfluchten Beschäftigungen, wenn du so wie bisher weitermachst und dich ihnen völlig auslieferst, ohne dir etwas für dich vorzubehalten. Du vergeudest Zeit, und [...] du verausgabst dich selbst in ihnen in sinnloser Mühe, die nur den Geist versehrt, das Herz aushöhlt und die Gnade verpuffen lässt. Denn was sind die Früchte von all dem? Sind es nicht bloße Spinnweben?

[…] Du musst also nicht nur für alle anderen, sondern auch für dich selber ein aufmerksames Herz haben. Denn was würde es dir sonst nützen, wenn du – nach dem Wort Jesu (Mt 16,26) – alle gewinnen, aber als einzigen dich selbst verlieren würdest. Wenn also alle Menschen ein Recht auf dich haben, dann sei auch du selbst Mensch, der ein Recht auf sich selbst hat. Warum solltest einzig du selbst nichts von dir haben? …

Ja, wer mit sich selbst schlecht umgeht, wem kann der gut sein?

Denk also daran: Gönne dich dir selbst. Ich sage nicht: tu das immer, ich sage nicht: tu das oft, aber ich sage: tu es immer wieder einmal. Sei wie für alle anderen auch für dich selbst da, oder jedenfalls sei es nach allen anderen.

Bernhard von Clairvaux

Weihnachten

Ich habe keine Lust
mich in ein Knäuel
von Straßen
zu stürzen

Soviel Müdigkeit
ist
auf meinen Schultern

Lasst mich
so
wie einen
in die Ecke gestellten
und vergessenen
Gegenstand

Hier
fühlt man nichts anderes
als
die gute Wärme

Ich halte es
mit den vier
Bocksprüngen
des Rauches
vom Herd

Guiseppe Ungaretti

2. TAG

IM RHYTHMUS LEBEN

Es gibt drei Zeitpunkte, einen richtigen,
einen verpassten und einen verfrühten.

Sten Nadolny

Für viele ist morgens um sieben ist die Welt noch in Ordnung: Es ist zwar noch dunkel, aber in der Regel auch noch ruhig. Es kann noch gar nicht so ganz viel schief gegangen sein. Später erst beginnen Unruhe und Unordnung. Wer früh aufstehen kann oder wer einige Zeit, ein bisschen kaltes Wasser und viel Kaffee braucht, um wach zu sein, dem kann eine Viertelstunde ungestörter Zeit am Morgen vielleicht dazu dienen, Kraft zu sammeln für einen vollen Tag.

Wenn viel zu tun ist, gelingt das besser im Einklang mit dem eigenen Rhythmus und dem der Tages- und Jahreszeiten. Zu manchen Zeiten geht uns manche Arbeit einfach leichter von der Hand als zu anderen. Es gibt Zeiten für den Kopf und Zeiten für die Hände. Und es gibt Zeiten – für die einen ist das elf Uhr vormittags, für andere drei Uhr am Nachmittag, für manche Eltern ist es acht Uhr abends, wenn die Kinder eingeschlafen sind –, an denen nichts Sinn macht außer einer Pause. Dass Zeit für uns Menschen nicht gleichförmig, sondern rhythmisch verläuft, dass es richtige und falsche Zeitpunkte gibt, steht schon in der Bibel: „Für jedes Geschehen unter dem Himmel gibt es eine bestimmte Zeit." Den eigenen Rhythmus zu kennen und sich an eine Tagesordnung zu halten, schafft auch Gleichgewicht. Und es sorgt für innere Ruhe.

Nicht alles geht immer. Und was es nicht immer und überall gibt, macht eine Zeit besonders. Für die Adventszeit könnte gelten: Weihnachtssüßes gibt's erst zur Weihnachtszeit – Auserwähltes vielleicht nur an den Adventssonntagen oder erst an Heiligabend. Wie wäre es mit den ersten Mandarinen erst zum Nikolaustag? Vielleicht brennt im Advent im Kinderzimmer während der Gutenachtgeschichte eine dicke rote Kerze? Und am Dreikönigstag am 6. Januar brennt sie zum letzten Mal. Oder – weil der Januar so grau ist – an Lichtmess am 2. Februar. Was einen Anfang hat, braucht auch ein Ende. Das ist das Ende der Weihnachtszeit: wenn man spürt, wie die Tage nach der Wintersonnenwende wieder langsam länger werden.

Den Rhythmus entdecken

Alles geistige Leben – und erst recht alles geistliche – hat mit dem Körper zu tun, ist auf ihn angewiesen. Der Körper aber lebt in einem bestimmten Rhythmus von Wachen und Schlafen, Morgen und Abend, Tag und Nacht, Frühjahr und Herbst, und wer ein brauchbares Instrument an ihm besitzen will, muss diese Grundbedingung seines Lebens achten.

Er wird merken, dass auch der Geist leichter gehorcht, wenn man ihm erlaubt, seinen eigenen Rhythmus einzuhalten. Wenn ich mich darin üben will, morgens ein paar Minuten lang über ein Wort oder einen Liedvers nachzudenken, wird es mir besser gelingen, wenn es regelmäßig geschieht. Der Geist funktioniert nur mit dem Körper zusammen und bedarf wie dieser eines lebendigen Rhythmus.

Der Körper lebt im Februar anders als im Juni. Er lebt morgens um vier Uhr anders als nachmittags um fünf oder abends um zehn. Das bedeutet etwas auch für Geist und Seele. Morgen- und Abendstunden sind – geistig gesehen – keineswegs gleichwertig, wie es nicht gleichgültig ist, ob jemand mit leerem oder vollem Magen nachdenkt, ob er ausgeschlafen oder abgehetzt zu den Menschen kommt. Beruhigungs- und Anregungsmittel helfen gar nichts, wenn sie nicht das Ab und Auf unterstützen, das im Körper ohnehin geschieht.

... Die Zeit ist kein Kalender, sondern ein Fluss, eine ständige, sehr gleichmäßige Wellenbewegung, in der zu leben leicht oder schwer sein kann. Wer im Meer schwimmt, merkt, dass er sich eine Stunde lang mühelos hält, wenn es ihm gelingt, sich dem Rhythmus der Wellen einzufügen, und dass er nach einer halben Stunde am Ende seiner Kraft sein kann, wenn ihm dies nicht gelingt. Wer den Schritt seines Pferdes nicht aufnimmt, wird nie ein Reiter.

Jörg Zink

Der Tag

Der Tag ist ein Berg
Du musst ihn täglich besteigen
Lawinengeröll
Taugras Wipfel die
Den Himmel im
Gleichgewicht halten

Rose Ausländer

3. Tag

Dunkelheit dehnt die Zeit

Wenn jemand des Weges sicher sein will,
auf dem er geht,
muss er die Augen schließen und
im Dunkeln gehen.

Johannes vom Kreuz

Im Winter kommt es häufiger vor, dass die gefühlte Zeit und die tatsächliche nicht ganz übereinstimmen. Der Nachmittag ist dämmerig, im Büro brennt das Licht schon den ganzen Tag, es wird so fünf Uhr sein – nein, es ist halb vier. Dann ist es schon lange dunkel, der Abend fortgeschritten, bestimmt ist es schon elf – der Blick auf die Uhr zeigt: Viertel nach neun.

Dunkelheit dehnt die Zeit. Das ist gut so. Denn wir brauchen die langsamen, dunklen Stunden des Winters, um Kraft zu sammeln für die schnelle helle Jahreszeit.

Doch Dunkelheit ist manchmal auch unpraktisch und unheimlich: Und so neigen wir dazu, die Nacht zum Tag zu machen. Dabei haben wir im Advent die Möglichkeit, die Vorteile der Dunkelheit zu entdecken. Nie haben wir soviel Nacht wie jetzt – schon ab Weihnachten werden die Tage langsam wieder länger. In der Stadt merken wir gar nicht, wie dunkel es ist – richtig finster ist es nur auf dem Land, weit ab vom Streulicht der Städte, entfernt von Straßenlampen und Häusern. Welche Möglichkeiten tun sich auf: Einen Abendspaziergang machen, und zuhause dann nicht gleich das hellste Licht anmachen. Wahrnehmen, was im schwachen Licht leuchtet – die Orangen auf dem Obstteller. Die dicken weißen Wollsocken an den Füßen. Wenn das Licht gedimmt ist, wird auch die Stimmung weicher. Wenn nicht so viel zu sehen ist, wendet sich die Aufmerksamkeit nach innen.

Man sieht nur mit dem Herzen gut, sagt der Fuchs zum Kleinen Prinzen, und der Mystiker Johannes vom Kreuz meint eine ähnliche Erfahrung, wenn er davon spricht, dass die Dunkelheit geeigneter ist als die Helligkeit, sich über den eigenen Weg klar zu werden.

Da wird das Herz weniger abgelenkt von den Augen, die auf anderes achten.

Ohne Licht werden wir ängstlich und trübsinnig. Ohne Dunkelheit aber werden wir unruhig und hektisch, aufgedreht und erschöpft. In der Dunkelheit können wir uns konzentrieren – auf das Eigene und Eigentliche. Und in der Konzentration können wir Klarheit und Kraft gewinnen. Wir werden wieder aufmerksamer für das Licht – das sichtbare und das unsichtbare.

Bis alles Dunkel sich in Glanz verwandelt

[…] Für uns aber wird dieser Abend nur eine stille Stunde sein, nichts mehr; wir werden in dem entlegenen kleinen Gartenhaus sitzen und an jene denken, die Weihnacht haben; an unsere kleine liebe Ruth und an uns, als ob wir selbst noch irgendwo die Kinder wären, die wir einmal waren – die wartenden, frohbangen Weihnachtskinder, auf die die großen Überraschungen zukommen wie Engel aus Innen und Außen; wie Kinder, die das Dunkel jener Abende, die dem einen Abend vorangingen, fürchteten und liebten; die fühlten, wie klein in jenen Dezembertagen, die das Fest vorbereiteten, der Kreis der Lampe war und wie immer geheimnisvoller die Stube ringsum sich verlor, so dass man gar nicht sagen konnte, wo ihre Wände waren und ob man nicht an einem runden Tische mitten im Walde saß … Bis dann alles Dunkel sich in Glanz verwandelte, so dass man auch die geringsten Dinge glänzen sah.

Aber damit alles dies geschehen konnte, mussten große Winde gewesen sein, lange Nächte, in denen der Sturm alles war, musste man überstanden haben – Nächte und Tage, die verhangen waren, halbhell und schwach, wie ein Verzögern des Morgens nur, bis an den frühen Abend hin, alles, bis zu jenem großen stillen Schneefall, der fiel und fiel und machte, dass die Welt sich leiser bewegte, der Tag geräuschloser lief und Nacht heimlicher kam –.

Rainer Maria Rilke an Ellen Key, 22.12.1903

Klabüster, Klabuster

Klabüster, Klabuster,
die ganze Welt ist duster.
Drum wäre ich so gerne
'ne leuchtende Laterne
und strahlte dir mein Licht
ins liebe Angesicht.

Klabonster, Klabenster,
wer Angst hat, sieht Gespenster,
fängt an, sich zu versichern,
kann nicht mehr herzleicht kichern,
glaubt jeden Augenblick
ihm droht sein Missgeschick.

Klabimmel, Klabommel,
mein Herz ist eine Trommel.
Wenn ich zu lange schweige,
den Kummer keinem zeige,
lässt es mir keine Ruh
und trommelt immerzu.

Klabucker, Klabocker,
mir sind paar Schräubchen locker.
Ich weise die Gedanken
nicht gerne in die Schranken.
Sie soll'n auf Reisen geh'n,
nach neuen Ufern seh'n.

Klabister, Klabaster,
wer stirbt, braucht keinen Zaster,

der braucht zu seiner Ruhe
nur abgelauf'ne Schuhe
und wenn das Auge bricht
ein Mantel ganz aus Licht.

Gerhard Schöne

4. Tag

Winter: Zeit zu schlafen!

Dass wir nicht noch kranker und verrückter sind, als es ohnehin der Fall ist, verdanken wir ausschließlich jener gesegneten und segensreichsten aller natürlichen Gaben, dem Schlaf.

Aldous Huxley

Die Natur hat es so eingerichtet mit den kurzen Tagen und den langen Nächten: Im Winter darf mehr geschlafen werden. Und es sollte im Winter mehr geschlafen werden. Kein Mensch kann immer nur wach sein. Wie schön auch, sich wohlig ins Bett zu kuscheln, wenn es im Zimmer kühl ist. Unter einer warmen Decke zu sein, wenn der kalte Wind ums Haus streicht.

Wir brauchen die Ruhe der Nacht, um uns nach einem vollen Tag zu erholen. Im Schlaf sind wir einfach, anstatt etwas zu tun. Man sollte nicht glauben, allzu viel zu verpassen, wenn man ins Bett geht. Die Arbeit wartet bis morgen. Das Fernsehprogramm wird mit fortgeschrittener Stunde nicht unbedingt besser. Und auch in freundschaftlicher Runde gibt es einen Zeitpunkt, nach dem längeres Zusammensitzen kein Gewinn mehr ist.

Im Schlaf sind wir einfach, und wir sind ganz bei uns. Es ist gut, wenn es uns gelingt, das loszulassen, was uns tagsüber umtreibt. „Seelenverdauung" nennt Novalis den Schlaf, und tatsächlich ist er für unser seelisches Wohlbefinden so wichtig wie für unser körperliches. Im Schlaf sind wir geborgen. Und es passiert ja wirklich immer wieder dieses Wunder, dass nach dunklen Gedanken in der Nacht die Welt am Morgen anders aussieht! „Nur wer im Rhythmus des Tages und der Nacht lebt, erfährt das Geheimnis des Lebens," weiß Anselm Grün; nur wer im Advent genug schläft, wird an Weihnachten wach sein.

Bei alledem erlauben sich Menschen am 4. Dezember, dem Barbaratag, den Winterschlaf der Natur zu unterbrechen, einen Kirschzweig ins Haus und ins Warme holen und in frisches Wasser stellen. An Weihnachten blühen die Knospen auf – der Frühlingszweig mitten im Winter als Zeichen neu erwachenden Lebens.

SCHLAF

Ich liebe den nicht, der nicht schläft, spricht Gott. Der Schlaf ist der Freund des Menschen. Der Schlaf ist der Freund Gottes. Der Schlaf ist vielleicht meine schönste Schöpfung. Und ich selber, ich ruhte am siebenten Tage. Wer reinen Herzens ist, der schläft. Und wer schläft, ist reinen Herzens. Das ist das große Geheimnis, unermüdlich zu sein wie ein Kind. Und alle Morgen wieder von neuem zu beginnen. Nun aber sagt mir, dass es Menschen gibt, die gut arbeiten und die schlecht schlafen. Die nicht schlafen. Welcher Mangel an Vertrauen in mich. Das ist beinahe schlimmer, als ob sie schlecht arbeiten, aber gut schliefen. Als ob sie nicht arbeiten, sondern schliefen, denn die Trägheit ist nicht eine größere Sünde als die Unrast, ja, sie ist sogar eine geringere Sünde als die Unrast und als die Verzweiflung und der Mangel an Vertrauen in mich.

Ich rede nicht, spricht Gott, von jenen Menschen, die nicht arbeiten und die nicht schlafen. Solche sind Sünder, das versteht sich. Und es geschieht ihnen Recht. Große Sünder. Sie sollten nur arbeiten.

Ich rede von denen, die arbeiten und die nicht schlafen. Ich beklage sie. Ich rede von denen, die arbeiten und die somit hierin mein Gebot befolgen, die armen Kinder. Und die anderseits nicht den Mut haben, nicht das Vertrauen haben, nicht schlafen.

Ich beklage sie. Ich nehme es ihnen übel. Ein wenig. Sie vertrauen mir nicht. Wie sich das Kind unschuldig in die Arme seiner Mutter bettet, so betten sie sich nicht unschuldig in die Arme meiner Vorsehung. Sie haben Mut zur Arbeit. Sie haben keinen Mut zum Nichtstun. Sie haben die Tugend der Arbeit. Sie haben nicht die Tugend des Nichtstuns. Sich zu entspannen. Sich auszuruhen. Zu schlafen.

Charles Péguy

PAX

Alles, worauf es ankommt, ist, eins zu sein mit dem lebendigen Gott,
ein Geschöpf zu sein im Haus des Gottes des Lebens.
Wie eine Katze, die auf einem Stuhl eingeschlafen ist,
friedlich, in Frieden
und eins mit dem Herrn des Hauses, mit der Herrin,
daheim, daheim im Haus des Lebendigen,
schlafend am Herd und gähnend am Feuer.

Schlafend am Herd der lebendigen Welt,
gähnend daheim vor dem Feuer des Lebens
und die Gegenwart des lebendigen Gottes fühlend
wie eine unerschütterliche Gewissheit,
eine tiefe Ruhe im Herzen,
Gegenwart
des Herrn, der am Tisch sitzt
in seinem eigenen größeren Sein
im Hause des Lebens.

David Herbert Lawrence

5. Tag

Die Nacht ist auch zum Träumen da

Nacht, stille Nacht, in die verwoben sind
ganz weiße Dinge, rote, bunte Dinge,
verstreute Farben, die erhoben sind
zu einem Dunkel einer Stille, – bringe
doch auch mich in Beziehung zu dem Vielen,
das du erwirbst und überredest.

Rainer Maria Rilke

Sind wir im Schlaf ganz bei uns, so sind wir im Traum ganz unter uns. In Bildern und Farben und Geschichten und Zeichen melden sich die verschiedenen Stimmen in unserer Seele, ohne vom Wachbewusstsein gleich wieder weggeschickt zu werden. Unvernünftig und unsinnig und unbescheiden sind sie und dürfen es sein. Was wir tagsüber erlebt haben und was wir dazu denken, ohne es zu wissen, findet in überraschenden Bildern zueinander. Das mag so nicht zusammengehören, aber es passt. In den Traum. Denn er überschreitet die Normalität, entmachtet die Naturgesetze und entwirft eine größere Wirklichkeit. – Der Evangelist Matthäus geht bei seiner Erzählung der Weihnachtsgeschichte auf die durchaus problematische Frage nach der Vaterschaft des Kindes, das Maria im Bauch trägt, ein, und da wird deutlich: Wäre Josef nicht ein Mann gewesen, der auf seine Träume achtet und bereit ist, auf ihre Botschaft zu hören, die Sache wäre schwierig geworden für Mutter und Kind. In der Bibel, die voller Träume ist, spricht Gott zu den Schlafenden. Im Traum erscheinen seine Engel mit Botschaften. Träume, Bildersprachen der Lebensgestaltung, haben Bedeutung, sie führen die Träumenden in der Wirklichkeit weiter.

Vielleicht können die Adventswochen eine Zeit sein, in der wir uns diesen inneren Botschaften mehr zuwenden. Manchmal haben wir einen Traum morgens beim Aufwachen noch ganz lebendig vor uns, vergessen ihn aber unter der Dusche und über den Plänen für den Tag. Vielleicht üben wir, ihn lebendig zu erinnern und zu behalten, um ihn beim Frühstück zu erzählen. Oder in der Kaffeepause. Oder wir nehmen uns kurz Zeit, noch im Bett, und schreiben ihn auf. Wir merken dann: Träume sagen uns manches, was wir wissen, ohne es geahnt zu haben. Ein Sprichwort aus dem Senegal weiß: „Wir träumen, um wach zu sein für das Leben."

Träume sind eine vergessene Sprache

Träume sind eine vergessene Sprache Gottes unter uns. Träume rufen uns zur Umkehr, zum Umdenken, zum Aufbruch, zu einer bestimmten Tat, zu einem Wort, das wir sprechen sollen.

Im Traum kommen Signale aus der Tiefe des Menschen nach oben ins Bewusstsein. Und manchmal kommen die Zeichen, Bilder und Signale von Gott. Ich muss also auf meine Träume achten, damit ich nicht überhöre, was Gott mir sagen will. Träume sind Botschaften in der Sprache der Seele. Ich selbst habe eine solche Fülle von Träumen erlebt, die mich gewiesen oder getröstet oder gewarnt haben, dass ich die Berichte der Bibel nicht merkwürdig finde, in denen es heißt: Und Gott sprach zu Abraham oder Gott sprach zu Josef im Traum. Wenn wir besser auf unsere Träume achten, wären unsere Seelen weniger krank und weniger niedergedrückt. Wir würden die Augen schließen, und vielleicht würden wir Dinge träumen, die uns von einer ganz anderen, verborgenen Wirklichkeit erzählen. Selig sind die Träumenden, denn sie wissen, dass einige ihrer Träume Wirklichkeit werden!

Ein Traum, in dem nicht unsere eigene Seele, sondern Gott zu uns spricht, kann an jeden von uns ergehen. Da wissen wir plötzlich: Jetzt muss ich zuhören. Da will mir irgend jemand etwas sagen, das wichtig ist. Und dann machen wir eine Erfahrung, sind von einer Ahnung umgetrieben, entdecken dabei, dass wir nun unsere Zeit nicht mehr damit verbringen können, zu sitzen und den Abend abzuwarten, sondern etwas tun müssen. Steh auf! Hören wir. Das ist ein Weg. Da ist etwas, das ist dir anvertraut. Nimm es in Acht. Und dann steht einer auf und tut in seiner Freizeit irgend etwas für andere Menschen, begleitet Sterbende, besucht Häftlinge, widerspricht dem, was in seiner Stadt oder seinem Land geschieht, und tut irgend etwas Unpolitisches oder etwas Politisches um der Menschen willen, um des Kindes in den Menschen willen, das leben soll und nicht zugrunde gehen.

...

In den Träumen kommt uns unter Umständen ein Strom von Kräften entgegen, seelischen Kräften und kosmischen, wie immer wir sie bezeichnen wollen. Denn Träume sind keineswegs Schäume, sie sind ein Ort, an dem Kräfte spielen, kämpfen, sich ausdrücken, auftauchen und weggehen. Wie Gedanken nicht aus Luft bestehen, sondern Energien sind, so sind es noch viel mehr die Träume. Wer das einmal ernst genommen hat, für den ist die Vorstellung von Wesen und Mächten außerhalb oder oberhalb des Menschen im Grunde einfach selbstverständlich. Ich habe einige der wichtigsten Einsichten in meinem Leben aus Träumen empfangen und nicht durch das, was der Kopf bei Tage dachte.

Und da erleben wir, wie in uns eine neue Achtsamkeit entsteht, eine Art anhaltender Geistesgegenwart, durch die wir unabhängig werden von den Meinungen um uns her und durch die wir nicht nur besser verstehen, wer wir selbst sind, sondern auch, was durch uns geschehen soll.

Denn im Traum berühren sich unsere Vergangenheit und unsere Zukunft. Der nächtliche Traum hängt zusammen mit dem, was wir bei Tage träumen. Träume haben ihre eigene Kraft. Nichts verwandelt unsere Wirklichkeit so nachhaltig, wie Träume es tun. Alle großen geschichtlichen Umbrüche sind zuerst geträumt worden, ehe sie sich durchsetzten. Denn da gibt es den Nachttraum, und es gibt den Tagtraum, den wir die Utopie nennen. Der Traum, den wir schlafend träumen, erzählt von der Vergangenheit, von der Kindheit eines Menschen oder von jener Urzeit, aus der auch der heutige Mensch noch lebt. Vergessenes kommt zum Vorschein, Verdrängtes schafft sich Raum. Verschüttetes wird frei, und die Traumbilder reden und malen, bewirken Veränderungen, warnen, geben Hoffnung.

Der Tagtraum andererseits, die Utopie, bereitet die Zukunft vor, deutet die Zukunft, malt Bilder einer künftigen neuen Ordnung, einer künftigen Welt und eines künftigen Menschen. Ein solcher Tagtraum erfasst oft eine ganze Generation, eine ganze Epoche. Er deutet, ohne schon den Weg zu wissen, ein fernes Ziel. Ungenaue Bilder, aus Ahnung und Hoffnung hervorgehend, werden in Millionen Menschen gleichzeitig wach. Irgend etwas liegt in der Luft. Irgend etwas will neu gesehen und verstanden werden. Und von dem, das sich da andeutet, hängt das Leben ab.

Jörg Zink

Ich küsse dich Nacht
meine träumende Heimat
Deine Stille
ist die Wahrheit
nicht der Tag mit
seiner lauten Wirklichkeit
Ich liebe dich
Und deine zahllosen Lichter
du schenkst mir
den schlaflosen Traum
flüsterst Liebesworte
und gibst mir Mut

Rose Ausländer

6. Tag

Wenn's drauf ankommt: wach sein

An meiner Wimper
hängt ein Stern
es ist so hell
wie soll ich schlafen –
Else Lasker-Schüler

Kinder sind am Nikolaustag wach: schon ganz früh morgens, wenn der Nikolaus über Nacht kommt. Oder länger am Abend, wenn er am Sechsten erst nach Einbruch der Dunkelheit erscheint.

Wer etwas erwartet, ist wach und aufmerksam. Wer wach ist, kann staunen, auch über die kleinen Überraschungen, die ein Tag mit sich bringen kann. Und Aufwachen, das ist auch „die beste Art, seine Träume wahrzumachen", meint Diane Keaton. Ein wacher Mensch ist empfänglicher und tatkräftiger, gelassener und entschiedener zugleich. Eine solche nach zwei Richtungen offene und bereite Haltung kann nur aus der Ruhe entstehen. Wenn der Kopf klar und die Augen nicht überreizt sind, kann man nicht nur sehen, sondern wahrnehmen. Das heißt: Etwas von der Wahrheit, der Bedeutung einer Sache oder eines Menschen erkennen, das was sie oder ihn besonders macht und unterscheidet von allen anderen. Wenn „die Augen meiner Augen geöffnet" sind, hat mein Blick etwas von der Qualität des ersten Mals, das sich noch nicht an einen Anblick gewöhnt hat, das staunt und erkundet und viel entdeckt. Wer wach ist, hat einen Blick für das, worauf es ankommt und was zu tun ist. Und er sieht, wofür er nichts tun kann: was nicht selbstverständlich, aber ihm geschenkt ist.

„Die Augen meiner Augen sind geöffnet“

Wenn wir in dieser Weise aufwachen, dann können wir uns bemühen, wach zu bleiben. Und dann können wir uns gestatten, langsam wacher und wacher zu werden. Aufwachen ist ein Prozess. Es ist morgens ein recht unterschiedlicher Prozess für verschiedene Menschen. Einige von uns wachen ruckartig auf und sind den Rest des Tages hellwach. Sie sind gut dran. Andere müssen es Stück für Stück tun, eine Tasse Kaffee nach der anderen. Was zählt, ist, dass wir nicht wieder zurück ins Bett steigen. Was auf unserem Weg zur Erfüllung zählt, ist die Erinnerung an die große Wahrheit, die uns Momente der Überraschung lehren wollen: alles ist unentgeltlich, alles ein Geschenk. Der Grad, in dem wir zu dieser Wahrheit aufgewacht sind, ist das Maß unserer Dankbarkeit. Und Dankbarkeit ist das Maß unserer Lebendigkeit. Sind wir nicht taub und tot für alles, was wir als selbstverständlich erachten? Ganz sicher bedeutet in dieser Weise taub zu sein, tot zu sein. Für jene, die aus Überraschung zum Leben erwachen, liegt der Tod in der Vergangenheit, nicht in der Zukunft. Ein Leben zu führen, offen für Überraschung, trotz all des Sterbens, das zum Leben gehört, macht uns immer lebendiger.

Es gibt unterschiedliche Grade dankbaren Wachseins. Unser Intellekt, unser Wille und unsere Emotionen müssen aufwachen. Wir wollen uns diesen Prozess des Erwachens einmal genauer anschauen. Es ist der Wachstumsprozess von Dankbarkeit.

Eine einzige Krokusblüte sollte genügen, um unser Herz davon zu überzeugen, dass der Frühling – gleich wie vorhersagbar er sein mag – irgendwie ein Geschenk ist, unentgeltlich, gratis, eine Gnade. Wir wissen dies mit einem Wissen, das über den Intellekt hinausreicht. Und doch ist unser Intellekt daran beteiligt. Ohne dass unser Intellekt seine Rolle einnimmt, können wir nicht dankbar sein. Wir müssen das Geschenk als Geschenk erkennen, und nur unser Intellekt kann das tun.

Für einige Menschen ist das nicht leicht. Es gibt solche, die einfach zu abgestumpft, zu langsam, vielleicht auch zu träge sind, um irgendetwas als Geschenk zu erkennen. Ihr Intellekt ist nicht wachsam genug. Sie halten alles für selbstverständlich. Aber es gibt auch jene mit der gegenteiligen Geistesverfassung. Menschen, die sich ausschließlich auf ihren Intellekt verlassen. Auch jene klugen Leute könnten Schwierigkeiten mit der Dankbarkeit haben. Wenn der Intellekt darauf besteht, den unumstößlichen Bewies dafür zu finden, dass ein Geschenk auch wirklich ein Geschenk ist, dann steckt man fest. Es gibt immer die Möglichkeit, dass etwas, das wie ein Geschenk aussieht, eigentlich eine Fallgrube, ein Köder, eine Bestechung ist. Man braucht sich nur einige der Kommentare anzuhören, die beim Auspacken von Weihnachtsgeschenken laut werden. „Nun schau dir das an! Warum sollten uns die Meyers solch ein teures Geschenk schicken? Ich möchte zu gern wissen, um welchen Gefallen sie uns im Neuen Jahr bitten werden!" Wer kann den Beweis antreten, dass absolut kein Haken daran ist? Unser Herz sehnt sich nach der Überraschung, dass ein Geschenk auch wirklich ein Geschenk ist. Unser stolzer Intellekt aber stutzt bei einer Überraschung und will sie erklären, hinwegerklären.

Der Intellekt allein bringt uns nur ein Stück weit. Er sollte wach genug sein, die vorhersagbare Hülle der Dinge bis zu ihrem Kern zu durchschauen, um dort ein Körnchen Überraschung vorzufinden. Das allein ist eine anspruchsvolle Aufgabe. Aber Aufrichtigkeit verlangt ebenso, dass der Intellekt genügend demütig sei, das heißt genügend bodenständig, um seine Grenzen zu kennen. Der Geschenkcharakter aller Dinge kann erkannt, nicht aber bewiesen werden – zumindest nicht durch den Intellekt.

Auch unser Wille muss seine Rolle übernehmen. Auch er gehört zur ganzen Fülle von Dankbarkeit. Es ist die Aufgabe des Intellekts, etwas als Geschenk zu erkennen, der Wille aber muss den Geschenkcharakter anerkennen. Erkennen und Anerkennen sind zwei verschiedene Aufgaben. Auch gegen unseren Willen können wir etwas erkennen. Der Wille kann dem die Anerkennung verweigern, was der Intellekt sieht. Aufgeweckt durch Überraschung können wir entdecken, dass das, was wir eine „gegebene“ Welt nennen, wirklich *gegeben* ist. Denn wir haben sie weder gemacht noch verdient; höchstwahrscheinlich haben wir sie noch nicht einmal akzeptiert. Was wir vorfinden, ist eine gegebene Wirklichkeit, und wir erkennen sie als gegeben. Aber nur wenn wir dieses Geschenk anerkennen, wird unser Erkennen zur Dankbarkeit führen. Und ein Geschenk anzuerkennen, könnte sich als viel schwieriger erweisen, als es zu erkennen.

David Steindl-Rast

Wer wachsam ist, der erlebt jeden Augenblick bewusst, der ist ganz gegenwärtig, der ist lebendig. Zur Wachsamkeit gehört die Nüchternheit. Wach ist einer, der sich nicht betäubt, weder durch Drogen noch durch Konsum oder durch Zerstreuung. In der Adventszeit betäuben sich viele durch die Hektik, die sie verbreiten. Da meinen sie, sie müssten alle Briefschuld erledigen, die sie während des Jahres vor sich her geschoben haben. Gegen diese Betäubung kannst Du versuchen, in der Adventszeit bewusst eine andere Haltung einzuüben, die Haltung der Nüchternheit und Wachheit. Wenn Du wach durch die belebten Fußgängerzonen der Städte gehst, wirst du erkennen, wie unnötig das Getriebenwerden vieler ist, wie viele mit ihrer Hektik vor der eigentlichen Wirklichkeit davonlaufen. Die Achtsamkeit und Wachheit werden Dich lehren, worauf es an Weihnachten ankommt.

Anselm Grün

II. Ruhiger werden und die Stille erfahren

7. Tag

Schnee: Die Welt wird leiser

Frischer Morgenschnee liegt vor dem Haus.
Die Bäume! Sind sie nun weiß vor Pflaumenblüten
oder weiß vor Schnee? Voller Freude werfen die Kinder
und ich uns Schneebälle zu.

Ryokan

Schnee verzaubert. Auf einmal sieht die Wirklichkeit aus wie ein Märchen, wie eine dieser Schneekugeln, in der die Flocken sich wie ein Flaum von Glück über Aschenputtel und ihren Prinzen legen oder über Hänsel und Gretel. Wenn es im dunklen Winter so hell sein kann, wenn womöglich noch die Sonne auf die weiße Welt scheint, dass sie glitzert vor Vergnügen, wenn der Himmel blau ist: Dann wird alles wieder gut. Schnee macht die Welt heller, leiser, schöner. Nichts wie raus also, wenn's schneit oder geschneit hat, und darüber staunen, wie hell die dunklen Straßen sind. Wie freundlich der unansehnliche Holzverschlag im Garten des Nachbarn auf einmal aussieht. Wie leise Autos fahren können. Wie anders alles aussieht. Wie die Flocken tanzen. Wie wenig Platz sie brauchen, um sich festzuhalten – auf einem Zaun, einem dünnen Zweig, einer Wäscheleine. Eine verschneite Landschaft ist eine verzauberte Welt. Und wir mittendrin: An dem Zauber hat teil, wer staunt, wer von ihm berührt ist, wer sich berühren lässt. Von außen. Und im Innern.

„Seit sich uns die Namen in die Dinge wiegen, / wir Zeichen geben, uns ein Zeichen kommt, / ist Schnee nicht nur die weiße Fracht von oben, / ist Schnee auch Stille, die uns überkommt", schreibt Ingeborg Bachmann. In dieser Stille können wir staunen – und manchmal lässt der Zauber, lässt eine Berührung klarer sehen, weil sie die Verbindung herstellen zwischen mir und dem um mich herum. Fühlen und erkennen gehören zusammen, spüren und begreifen, empfinden und verstehen. Schneeluft macht wach, leise und klar: Da gibt es Dinge, die wir nur im Winter erkennen können. Wenn wir Glück haben, schneit es. Wenn nicht, berührt uns vielleicht auch das ganz normale Winterwetter mit einem eigenen Zauber. Und wir ersinnen in der U-Bahn einen Vierzeiler über den Regen, ein Lob auf den dicken Nebel oder ein reimloses Gedicht über den unnachahmlich von steingrau über blaugrau bis ins Aschgraue wechselnden Winterhimmel.

Schneien

Es schneit, schneit, was vom Himmel herunter mag, und es mag Erkleckliches herunter. Das hört nicht auf, hat nicht Anfang und nicht Ende. Einen Himmel gibt es nicht mehr, alles ist ein graues weißes Schneien. Eine Luft gibt es auch nicht mehr, sie ist voll Schnee. Eine Erde gibt es auch nicht mehr, sie ist mit Schnee und wieder mit Schnee zugedeckt. Dächer, Straßen, Bäume sind eingeschneit. Auf alles schneit es herab, und das ist begreiflich, denn wenn es schneit, schneit es begreiflicherweise auf alles herab, ohne Ausnahme. Alles muss den Schnee tragen, feste Gegenstände wie Gegenstände, die sich bewegen, wie z. B. Wagen, Mobilien wie Immobilien, Liegenschaften wie Transportables, Blöcke, Pflöcke und Pfähle wie gehende Menschen. Kein Fleckchen existiert, das vom Schnee unberührt bleibt, außer was in Häusern, in Tunneln oder in Höhlen liegt. Ganze Wälder, Felder, Berge, Städte, Dörfer, Ländereien werden eingeschneit. Auf ganze Staatswesen, Staatshaushalte schneit es herab. Nur Seen und Flüsse sind uneinschneibar. Seen sind unmöglich einzuschneien, weil das Wasser allen Schnee einfach ein- und aufschluckt, aber dafür sind Gerümpel, Abfällsel, Hudeln, Lumpen, Steine und Geröll sehr veranlagt, eingeschneit zu werden. Hunde, Katzen, Tauben, Spatzen, Kühe und Pferde sind mit Schnee bedeckt, ebenso Hüte, Mäntel, Röcke, Hosen, Schuhe und Nasen. Auf das Haar von hübschen Frauen schneit es ungeniert herab, ebenso auf Gesichter, Hände und auf die Augenwimpern von zur Schule gehenden zarten Kindern. Alles, was steht, geht, kriecht, läuft und springt, wird sauber eingeschneit. Hecken werden mit weißen Böllerchen geschmückt, farbige Plakate werden weiß zugedeckt, was da und dort vielleicht gar nicht schade ist. Reklamen werden unschädlich und unsichtbar gemacht, worüber sich die Urheber vergeblich beklagen. Weiße Wege gibt's, weiße Mauern, weiße Äste, weiße Stangen, weiße Gartengitter, weiße Äcker, weiße Hügel und weiß Gott was sonst noch alles. Fleißig und emsig fährt es fort mit Schneien, will, scheint es, gar nicht wieder aufhören. Alle Farben rot, grün, braun und blau, sind vom Weiß eingedeckt. Wohin man schaut, ist alles schneeweiß; wohin du blickst, ist alles schneeweiß. Und still ist es, warm ist es, weich ist es, sauber ist es. Sich im Schnee schmutzig zu machen, dürfte sicher ziemlich schwer, wenn nicht überhaupt unmöglich sein. Alle Tannenäste sind voll Schnee, beugen sich unter der dicken weißen Last tief zur Erde herab, versperren den Weg. Den Weg? Als wenn es noch einen Weg gäbe! Man geht so, und indem man geht, hofft man, dass man auf dem rechten Weg sei. Und still ist es. Das Schneien hat alles Geräusch, allen Lärm, alle Töne und Schälle eingeschneit. Man hört nur die Stille, die Lautlosigkeit, und die tönt wahrhaftig nicht laut.

Robert Walser

Genug, um zu hoffen

Diesen Winter
viel Schwäche und Stumpf-Sinn

Botschaften geahnt,
nicht vernommen.

Unter dem Schnee gelegen,
flach atmend.

Das Gras wachsen gehört,
aus dem Bannkreis gesprungen.

Einem Herzschlag vertraut,
nicht dem eigenen.

Am Mitternachtshimmel
Ein neues Sternbild gelernt.

Genug, um zu hoffen.

Catarina Carsten

8. TAG

BLAUE STUNDE: DA SEIN UND STILL SEIN, NICHTS WEITER

Rabbi Mosche Löb sprach:
„Ein Mensch, dem nicht an jedem Tag
eine Stunde gehört,
ist kein Mensch“.

Erzählungen der Chassidim

Die blaue Stunde, das ist die Zeit zwischen Tag und Dunkel, die Zeit des Übergangs und der Dämmerung. Sie kommt im Winter meist früher als uns recht ist. Zu früh jedenfalls, um sich einfach nur hinzusetzen und zuzusehen wie aus dem Bunt des Tages Grau wird.

Andererseits könnte es die richtige Zeit sein, den größeren Teil des Tages hinter sich zu lassen und, vielleicht mit einer Tasse Tee, den Abend in Ruhe zu erwarten. Eine gute Pausenzeit könnte es sein. Eine ganze Stunde lang: Das wäre gut.

Aber auch weniger ist mehr als nichts. Noch wird das Licht nicht angemacht. Ich sehe weniger und höre und spüre mehr, wenn es dunkler wird und leise. Der Augensinn, der in der Regel dominiert, ist nach außen gerichtet; der Ohrensinn nach innen. Er erhält die Verbindung des Menschen zu seinen inneren Kraftquellen, zur Kreativität. Er braucht die Stille.

Da sein und still sein, nichts weiter: Das ist bisweilen das Schwerste. Still ist es ja nicht, wenn wir nichts hören – im Gegenteil. Im Lärm hören wir nichts. Still ist es, wo wir hören. „Durch stilles Sitzen und Ausruhen werdet ihr gerettet", heißt es in der Bibel (Jesaja 30,15). Zu schön um wahr zu sein? – Man sollte es ausprobieren. Wann, wenn nicht heute?

Die Kerzenstunde

Unter allen Freuden, die uns Kindern die Weihnachtszeit brachte, war eine, die durchgehalten hat, durch gute und elende Zeiten, durch das Erwachsenwerden hindurch bis heute, und das war unsere Kerzenstunde.

„Kerzenstunde" bedeutete aber keineswegs nur, dass wir die Lichter am Adventskranz angezündet hatten; das taten wir öfter, so wie viele andere Familien auch. Dabei sangen wir oder bastelten oder knackten Nüsse. Nein, das Besondere an unserer Kerzenstunde war, dass wir alle ganz still waren. Bei drei munteren Kindern ist das kaum vorstellbar, aber es war doch so. Natürlich ging es nicht eine ganze Stunde lang, das war auch gar nicht nötig, aber fünf oder zehn Minuten lang hielten wir es durch, und ich glaube nicht, dass es einem von uns dabei langweilig wurde. Jedenfalls kann ich mich nicht erinnern, dass ich mich gelangweilt hätte.

Wir saßen nämlich keineswegs „leer" herum, sondern wir „sammelten Freuden", wie unsere Mutter das nannte. Das heißt: Wir trugen in unseren Gedanken alles herbei, was schön für uns war, worüber wir uns den Tag über gefreut hatten – oder auch, worauf wir uns freuten, und das nahm in der Vorweihnachtszeit natürlich den größten Raum ein. Zwar beschäftigte uns das auch den übrigen Teil des Tages und wurde lebhaft untereinander ausgetauscht, aber gerade, dass wir es vor dem Licht der Kerzen nicht aussprachen, sondern nur in unseren Herzen und Gedanken bewegten, gab der Freude so viel Glanz und Tiefe.

Mutter hatte auch eine schöne Begründung dafür: „Manche Kinder sammeln Stroh für die Krippe, andere bauen den Weg nach Bethlehem aus Moos und Steinen. Wir wollen Stille sammeln für das Christkind, damit es Ruhe hat zum Schlafen. Und dabei darf jedes von euch seine Freuden mit an die Krippe bringen, so wie die drei Könige ihre Schätze gebracht haben." Mit einem leisen Wort oder damit, dass sie ein Lied anstimmte, ließ Mutter unsere stille Zeit zu Ende sein. Das Freudesammeln war damit aber meist noch nicht zu Ende, sondern ging dann laut und munter weiter.

Wenn ich mir heute überlege, so scheint mir fast, als habe unsere Mutter diese Kerzenstunde aus einer Art Notwehr heraus erfunden. Sie hatte ein so starkes Bedürfnis nach Ruhe und Sammlung und konnte dem so wenig nachgehen in ihrem bewegten, arbeitserfüllten Leben. „Abschieben" aber wollte sie uns gerade in dieser Zeit sicher auch nicht, und so hat sie einen Weg gesucht, wie sie mit uns gemeinsam für eine kleine Weile still und gesammelt sein konnte. Und ich glaube schon, dass diese kurze Zeit eine Insel des Ausruhens für sie gewesen ist.

Uns Kindern aber hat sie damit noch viel mehr gegeben: die gute Übung des Stillwerdens und die gnadenvolle Gewohnheit, unsere Freuden (und später nicht nur die Freuden!) zur Krippe zu bringen.

Christa Steege

Konzentrationsübung

Wenn ich ganz still bin
kann ich von meinem bett aus
das meer rauschen hören
es genügt aber nicht ganz still zu sein
ich muss auch meine gedanken vom land abziehn

Es genügt nicht die gedanken vom festland abzuziehen
ich muss auch das atmen dem meer anpassen
weil ich beim einatmen weniger höre

Es genügt nicht den atem dem meer anzupassen
ich muss auch händen und füßen die ungeduld nehmen

Es genügt nicht hände und füße zu besänftigen
ich muss auch die bilder von mir weggeben

Es genügt nicht die bilder wegzugeben
ich muss auch das müssen lassen

Es genügt nicht das müssen zu lassen
solange ich das ich nicht verlasse

Es genügt nicht das ich zu lassen
ich lerne das fallen

Es genügt nicht zu fallen
aber während ich falle
und mir entsinke
höre ich auf
das meer zu suchen
weil das meer nun
von der küste heraufgekommen
in mein zimmer getreten
um mich ist

Wenn ich ganz still bin

Dorothee Sölle

9. Tag

Auch Musik lebt von den Pausen

Windflötentöne
hören auf
die plötzliche Stille
Zhuangzi

Musik, die immer um uns herum ist, wird zum Lärm. Pausenlose Musik ist nicht zu ertragen. Schon gar nicht, wenn die letzten Töne des einen Stückes akustisch überfahren werden vom Anfang des nächsten – wie im Radio in der Regel. So verliert Musik eine ihrer wichtigsten Eigenschaften: die Zeit zu ordnen durch laut und leise und langsam und schnell und Anfang und Ende und vorher und mittendrin und nachher – pausenlose Musik lässt die Zeit zum Zeitbrei werden. Von zuviel Zeitbrei aber wird man träge und ruhelos zugleich. Keine gute Mischung.

Das Radio auszuschalten schafft Abhilfe. Und wenn es dann zu still wird: Selbst Musik machen. Zum Beispiel singen! Die Kinder werden staunen. Oder stellen Sie sich Ihre ganz spezielle Adventsmusik zusammen. Mixtapes gab's schon, bevor Nick Hornby Bücher darüber schrieb, es gibt sie, seit es Kassetten gibt, und natürlich auch zu kaufen, sicher gibt's auch Softes für die Weihnachtszeit – Jazz für alle, die sonst keinen Jazz hören, Barock-Adagios, um den Puls zu entschleunigen und Pachelbels berühmten Kanon in fast allen Tempi, es gibt Kuschelrock und Dire Straits zum Schmusen und auch Udo Lindenberg singt „Weißt du wieviel Sternlein stehen".

Die schönsten Mixtapes aber sind die einmaligen, vom Liebsten oder der Freundin aufgenommen, überspielt, zusammengestellt, gebrannt, oder eben die eigenen, weil man selbst am besten weiß, was einem gut tut. Vielleicht haben Sie Zeit oder wollen sie sich nehmen, einen dunklen Nachmittag, einen Abend lang, und Sie stellen sich Ihr Mixtape zusammen, und es heißt „Feelgood Hits of the Winter" oder „This is Heartcore" oder „Funkelnde Sternenliebe" oder „Liederweise lieber leise". Klassisch, jazzig, rockig, schmalzig, folkig, modern, wie Sie mögen. Aber vor allem: nicht ohne Pausen.

DAS ENTSCHEIDENDE GESCHIEHT, WENN ETWAS AUFHÖRT

Auf jedem Weg der Wandlung wird Stille gebraucht – ein großes Maß an Stille. Stille besitzt einen Sog. Als steuere sie ein Ziel an. Das Ziel beginnt bereits in der Welt des Erklingenden „aufzuscheinen". Insofern jeder Ton, der erklingt, wieder verklingen muss, ist allem Erklingenden der Fingerzeig in die Stille eingebaut. Selbst wenn sich ein Klang aufbaut zu einem großen „fortissimo", insofern er auch dann wieder verklingen muss, setzt sofort wieder dieser Fingerzeig in Richtung auf Stille und Schweigen ein, will sagen: dieser Fingerzeig ist allgegenwärtig. Verstehen Sie, verstehst du, warum wir ihm so selten folgen?

Das ist das Geheimnis von Klangschalen, von Bambusrohren in Zen-Gärten: Sie meinen nicht den Klang, der entsteht, wenn du sie anschlägst oder wenn das Wasser im Bach des Zen-Klosters den Bambusstab kippen lässt und dieser „sound" über den Garten tönt, sie meinen den Zwischenraum zwischen den Klängen, wollen erinnern an das, was „dann" kommt: Stille.

Der Klang will sagen: Wenn ich verklungen bin, beginnt Stille. *Die* meine ich. Vergiss nicht, in Stille zu gehen.

Wir können in die Stille eintreten wie in eine Kirche. Wie in den Innenraum einer Kathedrale. Wir brauchen die Kathedrale nicht, die Stille *ist* sie. Sie ist ein Raum. Wenn wir ihn betreten, aus der Außenwelt kommend, meinen wir, der Raum sei klein. Aber wenn wir in ihm sind – tief in ihm –, erfahren wir: Er ist das Universum – und größer als dies.

Es ist Glück, dies zu erfahren. Und wenn du noch tiefer hineingehst, wird es Glückseligkeit.

Musik umhüllt Stille. Sie ist (so nennt sie der Dichter Pablo Neruda) „Schale". Was die „Schale" umhüllt, das ist die Stille. Höre hindurch durch das Erklingende. Was hörst du dann? Und dann?

Hinter den Tönen? Stille. Was ist das Erklingende in dir, das „dann“ erklingt, wenn kein Ton erklingt? Es gibt immer mehr Musik, die auf dieses „Dann“ zielt – das Spätwerk des Komponisten Luigi Nono zum Beispiel. Bestimmte Klavierstücke von Cage. Kammermusik von Morton Feldmann. Obertonmusik von Michael Vetter, Christian Bollmans Obertonchor ... Die Improvisationen des amerikanischen Sopransaxophonisten Paul Winter, wenn der hinab in den Grand Canyon steigt und dort spielt – ganz allein! –, den riesigen Hall des Canyons, der ja selbst schon Musik ist, und dessen Stille nutzend, als sei er das Instrument eines Partners, der mit ihm spielt. Als umspiele, als umhülle er Stille mit der „Schale“ seiner Musik. Als spiele er „auf“ Stille.

Ein jüngerer Komponist, Antoine Beuger aus Holland, sagt: „Das Wichtige in meiner Musik ist immer, was *dann* kommt: Stille. Das Wichtigste geschieht deshalb, wenn die Musik aufhört: noch mehr Stille.“ Beuger dringt weiter in diesen Gedanken: Das Entscheidende geschieht immer, wenn etwas aufhört. Denn dann geschieht Stille, und daraus entsteht das Neue. Ohne die Stille kann Neues nicht entstehen, denn ohne sie ist das, was jeweils geschieht, nur eine Fortsetzung des Alten. Stille ist fruchtbar. Stille gebiert. Nicht nur in der Musik. Auch in unserem täglichen Leben. In der Liebe zum Beispiel.

In der Stille erfahren wir den uns allen gemeinsamen Grund. Das uns allen gemeinsame Licht. Die uns allen gemeinsame Liebe. Den uns allen gemeinsamen, unaussprechlichen Gott. Wenn du aber seinen Namen nennst, gar den Namen interpretierst, ist sofort wieder die Stille – das Eine, das Gemeinsame – unterbrochen, entsteht sofort wieder die Frage: Welchen Gott meinst du? Wir alle wissen, wie laut, wie störend und zerstörend diese Frage sein kann.

Stille – tiefe Stille – schafft Ehrfurcht, Demut, Hingabe, die alles übersteigen, was wir in Worten als Ehrfurcht, Demut, Hingabe beschreiben können. Sie schafft das Heilige.

Stille kann sich niederlassen und kann aufgehen. Sie kann sich niederlassen über einer Landschaft wie die Abenddämmerung und kann aufgehen mit dem Glanz der aufgehenden Sonne. Sie kann ausbrechen, als sei sie ein Tosen. Sie kann, so sagt Zen, „brüllen". Sie kann dich umhüllen. Und kann dich nackt dastehen lassen. Sie kann warm sein und kalt. Sie kann sehr langsam und behutsam ankommen. Und kann dich anrempeln und umwerfen wie ein Sturm.

Joachim-Ernst Berendt

Unmöglich, sagte ein Redakteur unlängst, als ich ihm vorschlug, Soloaufnahmen des Trompeters Leo Smith in einer meiner Sendungen vorzustellen. Wir stoppten die Bänder. Mittendrin gab es bis zu dreizehn Sekunden Stille. Sind Sie wahnsinnig, fauchte der Redakteur, dreizehn Sekunden Pause, da segelt uns doch der Sender ab. Pause oder Stille, das ist hier die Frage. Früher gab es für Pausen das Pausenzeichen. Heute wird alles dicht aneinandergefahren. Stille als Ausnahmezustand in einer mit Musik akustisch zutapezierten Umwelt. In der Stimme des Redakteurs begann sich Angst zu spiegeln: Bei dreizehn Sekunden Stille könnte sich ein Alarmaggregat einschalten. Hörer X könnte die Kaffeetasse aus der Hand fallen; Hörerin Y hätte Anlass, an der Existenz des Senders, ja letztlich an der öffentlich-rechtlichen Ordnung zu zweifeln. Stille als Bedrohung, als unerhörte Provokation.

Bert Noglik

10. Tag

Sich unterbrechen. Innehalten

Im Bad meditiere ich.
Sylvia Plath

Advent in der Familie – das kann wunderschön sein. Gemeinsam sich freuen, Wunschzettel schreiben, vielleicht sogar singen, basteln ... Aber dann kann es gerade auch im Advent schrecklich sein mit den Kindern. Wenn Sie als Mutter oder Vater die meiste Zeit zuhause sind, gibt es Zeiten, in denen Sie sich nichts sehnlicher wünschen, als alleine zu sein. Man muss sich nicht unter Druck zur Gemeinsamkeit setzen – lassen –, nur weil bald Weihnachten ist. Im Gegenteil.

Erfüllen Sie sich selbst Ihren sehnlichen Wunsch. Vielleicht haben all Ihre Lieben Lust, ein Adventswochenende bei den Großeltern zu verbringen. Oder Ihre Kinder wollen mal bei Freund oder Freundin übernachten. Und Sie bleiben allein zuhause. Und erledigen nicht all das Unerledigte. Höchstens ein kleines bisschen davon. Aber Sie frühstücken vielleicht in Ruhe und zu der Zeit, die Sie bestimmen, und lesen die Zeitung dabei, wenn Sie mögen, Sie treffen sich vielleicht mit einem Freund oder einer Freundin, ohne auf die Uhr zu schauen, Sie hören Musik oder gehen zur Kosmetikerin oder in die Sauna oder bummeln in der Stadt (aber nur wenn Sie wirklich wollen – Adventssamstage in der Stadt sind eine Sache für sich, und bleiben Sie nicht zu lange). Sie machen, was Sie wollen.

Genießen die sich dehnende Zeit, in der keiner etwas von Ihnen will. Leben in Ihrem Tempo. Es gibt nichts Schöneres, wenn die Zeiten hektisch zu werden drohen. Und am Sonntagnachmittag, wenn alle zurückkommen, bleibt noch Zeit, um den Adventskranz herum zu erzählen, wie es war ohne einander. Was manchmal so schön daran ist, zu gehen. Allein zu sein. Nach Hause zu kommen.

Es genügt, auf die Stille zu horchen

Die meisten Menschen – ich denke sogar alle, aber das kann man nicht überprüfen –, die meisten Menschen wissen um eine Erfahrung mit der Stille. Wenn Sie sich Zeit lassen, sich zu erinnern, dann wissen Sie, dass Sie Stille erfahren haben als etwas Besonderes, etwas Gutes, etwas schwer zu Beschreibendes.

Wenn Sie sich Zeit lassen, sich zu erinnern. Dazu braucht man nicht viel Zeit. Es genügt, sich für einen Augenblick still sein zu lassen, zum Beispiel jetzt, ohne etwas zu suchen oder zu wollen; sich nur still sein lassen, offen dafür, dass in diesem Stillsein Erinnerung an Stille auftauchen kann. Die meisten Menschen erinnern sich dann.

Sei es, dass der Moment auftaucht, in dem nach stundenlangem Presslufthammerlärm plötzlich Feierabend war. Als ob eine große Welle von Stille sich über die gerade noch dröhnende Stelle legte und sich ausbreitete bis über die ganze Stadt und damit gleichzeitig bis in alle Zellen des eigenen Körpers hinein.

Oder sei es, dass man sich an eine Stille zwischen Tönen erinnert, die man irgendwann zum ersten Mal vernommen hat, obschon man das Musikstück schon oft gehört hatte. Auf einmal diese Stille, wo bis dahin nur eine Pause war.

Oder sei es, dass man sich an einen Moment der Stille in einem Gespräch erinnert. Ein Augenblick, in dem alles gesagt war, auch das Nicht-Sagbare.

Sei es, dass man sich an eine alte Kirche erinnert, in der man einmal allein im Halbdunkel gesessen hat und die Stille einen vergessen ließ, wo man sitzt.

Oder sei es, dass man sich an einen Spaziergang durch den Wald erinnert. Sich erinnert, wie man in einen Wald gegangen ist, hin und wieder stehen blieb und horchend innehielt.

Das feine Rauschen des Windes in den Bäumen. Das kleine Rascheln in einem Gebüsch. Das Knarren eines Astes. Vogellaut. Man schweigt und lauscht. Manchmal ist nichts zu hören. Kein Laut. Kein Laut ist nicht nichts, obschon kein Laut nicht etwas ist.

Stille. Weit und breit. Stille führt zur Empfindung von weit und breit. Kein Laut. Weder außen noch innen. In dem Kein-Laut ist weder außen noch innen.

Obwohl sich nichts bewegt, obwohl nichts zu hören ist, ist alles da.

Wenn man vor lauter Stille für einen Moment die Luft anhält, atmet es doch.

Atemstille atmet. Wie die Bäume und der Wind. Und ich.

Lebendige Stille.

Da – da war wieder ein Rascheln. Und doch ist nichts unterbrochen.

Ein Vogelschrei – als ob er zur Stille gehörte. Für einen Augenblick weiß man, dass nichts diese Stille stören kann.

Die eigenen Schritte, wenn man weiter geht, – eine Weile scheinen auch sie – ganz und gar – dazuzugehören, zur Stille. Als ob Schritte nichts anderes seien als Stille.

Irgendwann aber hat man dies und das dazugedacht und ist aus dem Wald herausgekommen und hat auch die Stille verlassen. Man hat sie einfach vergessen, man weiß nicht, wie es gekommen ist.

Alles ist wieder gewöhnlich.

Ja, da war etwas Ungewöhnliches.

Im Erinnern ist es gerade wieder da. Obwohl man nicht im Wald steht. Da war es gerade wieder, das Stille. Ohne Wald. Ohne Rascheln. Ohne etwas.

Stille ist, sobald man Stille erinnert.

Und Stille ist, sobald man auf Stille horcht.

Es genügt, auf die Stille zu horchen.

Man muss dafür nicht in die Wüste fliegen und auch nicht in einer alten Kirche sitzen. Nicht einmal in den Wald gehen muss man.

Man kann – wann immer man will – einkehren in die Stille in sich selbst.

Da ist ein Ort wie stiller Wald.

Da ist Schweigen weit und breit.

Stille kann man nicht machen. Stille ist da, sobald man nichts macht.

Deshalb geht es in der Übung der Stille gerade darum, so „nichts wie möglich" zu machen.

Das ist leichter gesagt als getan. Man kann es ja einmal versuchen. Für ein paar Minuten gerade jetzt einfach nichts tun, gar nichts machen. Aber jetzt ist wohl ein ungünstiger Zeitpunkt. Man hat sicher gerade etwas Wichtigeres zu tun, und sei es weiterzulesen. Das ist das erste Hindernis. Fast immer hat man etwas Wichtigeres zu tun als nichts zu tun, als nur in der Stille zu sitzen.

Wenn man sich auf das In-der-Stille-Sitzen als Übung einlassen will, ist es darum günstig, zu einer immer gleichen Zeit die Übung anzugehen. Am Morgen zum Beispiel, noch bevor man gefrühstückt hat und solange einem noch nicht viele Eindrücke und Pläne durch den Kopf gehen. Aber es kann natürlich auch am Abend sein oder irgendwann. Wenn es nur eine Zeit ist, die man sich von außen festlegt, um dann nicht sagen zu können, man habe jetzt etwas Wichtigeres zu tun.

Wenn die Übung der Stille sich auswirken soll bis in alle unsere Erfahrungs- und Handlungsbereiche hinein, wenn sie unseren Alltag verwandeln soll, dann verlangt sie eine gewisse Dauer. Fünfundzwanzig Minuten sind eine gute Zeit. Aber das ist nur eine Richtlinie. Jede Minute in der Stille zu sitzen ist mehr, als es nicht zu tun. Man wird herausfinden, welche Zeitspanne für einen gut ist und welches Ritual einem angemessen ist, um sich für die Übung zu bereiten. Zum Beispiel eine Kerze anzünden und sich mit einer Gebärde der Achtung, mit einer Verneigung, dem Platz für die Stille zuwenden.

Sich in die Stille setzen und wirklich nichts machen, das ist, wenn man nicht gerade in einer schönen alten Kirche sitzt oder horchend im Wald innehält, eine nicht geringe Herausforderung.

Die Hände in den Schoß legen, das ginge noch. Den Mund für eine Weile geschlossen halten auch. Aber die Gefühle still sein lassen und die Gedanken zum Schweigen bringen, das ist eine andere Sache. Für die Stille ist es die entscheidende Sache. Natürlich nicht, weil es ungut wäre, zu fühlen und zu denken. Es wäre sehr gut, tiefer fühlen und klarer denken zu können. Es wäre sehr gut, vom Gefühl nicht blind gepackt und von ungewollten Gedanken nicht zerstreut zu werden, sondern aus gefühlter Verbundenheit neue Gedanken zu erschaffen. Die Stille reinigt unser Fühlen und Denken von unseren zwanghaften Identifikationen gerade dadurch, dass Fühlen und Denken für diese Zeit im Schweigen ruhen.

Silvia Ostertag

Du sollst dich selbst unterbrechen

Du sollst dich selbst unterbrechen
Zwischen Arbeiten und Konsumieren
Soll Stille sein und Freude,
zwischen Aufräumen und Vorbereiten
sollst du es in dir singen hören,
Gottes altes Lied von den sechs Tagen
und dem einen, der anders ist.
Zwischen Wegschaffen und Vorplanen
sollst du dich erinnern
an diesen ersten Morgen,
deinen und aller Anfang,
als die Sonne aufging
ohne Zweck
und du nicht berechnet wurdest
in der Zeit, die niemandem gehört
außer dem Ewigen.

Dorothee Sölle

11. Tag

Stille sammeln

Vielleicht ist es notwendig, einen Vorrat an Stille in uns anzulegen. In den Nächten, in denen du wachliegst, an den langen Abenden, die du allein verbringst, bei Spaziergängen über Felder und durch leere Wälder, da lässt sich dieser Stillevorrat anlegen. Er hüllt uns in eine Sicherheit, weil Stille auch Kraft ist. Wie werden uns dann nicht mehr so schnell in der Hektik verlieren. In der Stille spüren wir uns selbst deutlicher.

Ulrich Schaffer

Es kostet Anstrengung, still zu sein. Wo hat die Stille Platz? – Im Familienalltag ist es besonders schwierig. Kinder sind in der Regel lieber laut als leise. Vielleicht haben wir es als Mutter oder Vater sogar geschafft, morgens ein wenig früher aufzustehen, und wir freuen uns auf zwanzig Minuten ungestörte Stille. Im besten Fall – und es ist eine entzückende Unterbrechung – geschieht es, dass das Baby dann, ausgeschlafen und fröhlich brabbelnd, auf unseren Schoß krabbelt. Öfter passiert es wohl, dass es – ausgeschlafen und fröhlich brabbelnd – die Legosachen seines älteren Bruders auseinander nimmt, woraufhin dieser – verschlafen und ärgerlich – sie ihm unsanft entreißt und es vor die Tür setzt. Woraufhin das Baby weint. – Und auch für alle, die es morgens ruhig haben, gilt immer noch: es kann das Herz erst still werden, wenn die Lippen still sind. Wenn die Gefühle still sind. Wenn der Verstand still ist. Wenn der Körper still ist. Wir können der Stille Platz machen.

Und sie lässt sich tatsächlich sammeln. Da sind die Momente, in denen sie einfach da ist, manchmal unerwartet, manchmal vielleicht unwillkommen, und wir uns ihr nicht entziehen können. Solche Momente können wir in der Erinnerung wiederholen, und sie helfen, auch zur inneren Ruhe zu finden.

Stille

Da habe ich mich doch auf die Suche nach der Stille gemacht. Nach einem lärmigen Tag sehnte ich mich nach ihr. Und ich hab sie auch gefunden. Die Stille. Recht bald schon. Und noch nicht einmal so weit weg.

Ein Vogel, der ruft.
Die Turmuhr, die schlägt.
Ein Traktor, der weit weg brummt und surrt.
Eine Lokomotive, die pfeift.
Ein Ast, der zerbricht.

Das alles ist Stille.
Ist Befreiung. Ist Glück.
Ist Befreiung?
Ist Glück?

Stille kann ganz anders sein. Stille die drückt. Die einfährt. Erdrückt. Die beklemmt. Stille als Schmerz. Stille als unheimlicher Raum, aus dem es kein Entrinnen gibt. Stille ist Angst. Und nichts ist so groß wie der Wunsch, wie die Sehnsucht, es möge sie endlich jemand zerschlagen.

Stille ist ein Phänomen.
Man kann sie genießen.
Muss sie erdulden.
Ebenso ersehnt wie gefürchtet ist sie.
Ebenso geliebt wie verhasst.

Stille ist Schokolade.
Schokolade, die zuckersüß schmeckt.
Schokolade.
Die Bauchschmerzen macht.

Jakob Gillmann

Erst mit der großen Stille fängt die Seele an zu
Schreiben
Und lässt uns sanft und sicher werden
Und sorgt dafür, dass unsere Augen milde bleiben.

Nun wanderst du und setzt den Fuß aufs Ländliche,
Das dich und dein Gemüt erhält,
Der Riesenwahn, der Unverständliche,
Sie fliehn vor denem Gang, und Flur und Feld
Begegnen dir so schwesterlich, so alt und ungebrochen.
Als hätten Tier und Pflanze das erste Wort gesprochen.

Die Stille ist's, die überlebt.
Dem Baum, der schweigt, ist tiefer zu vertrauen
Als allen Redensarten,
Als allen Zungen, die sich laut vermischen.
Es ist die Stille, die zur Kunst entfacht.
Geschichte macht,
Solang, bis wir den Schmerz von unsren Stirnen
Wischen.

Hanns Dieter Hüsch

12. Tag

Bei sich sein

Mir geht es mit der Einsamkeit wie anderen mit dem Segen in der Kirche. Sie ist für mich ein Gnadenlicht. Ich mache nie hinter mir die Tür zu, ohne mir bewusst zu sein, dass ich damit für mich eine Tat der Barmherzigkeit vollbringe.

Peter Hoeg

Um bei sich zu sein, muss man bisweilen allein sein. Um mich nicht selbst aus den Augen zu verlieren, brauche ich ab und zu eine Verabredung mit mir allein. Das klingt nach noch mehr Terminen in einem sowieso schon überfüllten Terminkalender: aber solche Verabredungen mit sich selbst – wie mit einem guten Freund, einer vertrauten Freundin – sind die Voraussetzung dafür, auch andern unabgehetzt begegnen zu können.

„Eile nicht, geh sachte, denn du gehst zu dir selbst": ein Ratschlag der Alten, der aktuell klingt wie das Motto des spanischen Schuhmachers, dessen Schuhe weltberühmt wurden: „Geh', und renn' nicht".

Bei sich sein: Das ist immer auch Unterwegssein zu sich selbst. Manchmal gehört dazu, die Tür hinter sich zuzumachen. Das Handy auszuschalten. Und nur auf sich selbst zu hören. Das ist jedenfalls besser als mit den einen zusammenzusitzen und mit einem anderen, das Handy am Ohr, zu reden; es ist besser als nie ganz da zu sein und mit halbem Ohr immer schon woanders.

Habe den Mut, allein zu sein

Habe den Mut, allein zu sein. Erst wenn du das wirklich fertiggebracht (…) hast, kannst du hoffen, ein weihnachtliches Herz – also ein sanftes, ein geduldiges, ein tapfer gefasstes, ein leise zärtliches Herz – denen zu schenken, die du zu lieben dich bemühst. (Man muss auch da vorsichtig reden.) *Dieses* Geschenk freilich solltest du unter den Christbaum legen, sonst sind alle anderen Geschenke doch nur unnütze Ausgaben, die man auch zu anderen Zeiten machen kann. Also halte es einmal eine Weile mit dir allein aus. Vielleicht hast du doch ein Zimmer, wo du allein sein kannst. Oder du kennst einen einsamen Weg oder eine stille Kirche. Rede dann nicht, auch nicht mit dir selber noch mit den anderen, mit denen wir disputieren und uns zanken, auch wenn sie nicht da sind. Warte. Horche. Du darfst solche Stille nicht halten, um nachher darüber reden zu können. Du musst in sie so hinein, dass du insofern nie mehr aus ihr zurückzukehren entschlossen bist, als du den Ruf in diese Stille, in die schweigende Unendlichkeit hinein wirklich zu deinem letzten Wort machst, das in sich steht, das für nichts anderes da ist, das niemand zu hören braucht als der, dem es wirklich gilt. Also: halte an, schweige, warte. Schiele nicht nach einem seltsam mystischen Erlebnis. Es soll nichts in diesem Schweigen hervorkommen als die lautere Nüchternheit der Wahrheit: das Reine und Stille. Sage dich nicht aus. Du sollst dich ja annehmen (das ist ja schon fast mehr als nur ein Präludium für den süßen Gesang der Engel), du sollst nicht anklagend dich ausleeren, auch nicht zu unbekümmert dich herausjubeln, auch nicht dich selbstzufrieden wie kleinbürgerlich genießen (dann hättest du weder etwas von den Himmeln noch von den Abgründen deines Daseins gemerkt). Du sollst schweigend dich auf dich zukommen lassen, die Vergangenheit, Gegenwart und Zukunft in diesem Augenblick des Schweigens, alle Wasser Deines Lebens, die sich verlaufen und verrinnen, in der einen Schale des sich gegenwärtigen Herzens sammeln.

Vielleicht wird dir dann recht entsetzlich zumute. Vielleicht steigen die bitteren Wasser des Ekels, der Hohlheit, der Leere, der Langeweile aus den Tiefen an das obere Land deines Herzens. Vielleicht merkst du, wie fern dir doch – ehrlich eingestanden – alle die sind, mit denen du täglich umgehst und von denen deine offizielle Lesart geht, dass man in Liebe verbunden sei. Vielleicht findest du in dir nichts als Ohnmacht, Erbärmlichkeit und andere Dinge, von denen du in den Alltag davonlaufen möchtest, in den Alltag, der dir in solcher Erfahrung die einzig erreichbare Seligkeit zu sein scheint (man nennt sie dann Arbeit, Pflicht, Vernünftigkeit, illusionsfreie Nüchternheit und ähnlich). Vielleicht nimmst du nichts wahr als ein unheimliches Gefühl der Leere und Erstorbenheit. Halte dich aus! Du wirst erfahren, wie alles, was sich bei solcher Stille meldet, wie umfasst ist von einer namenlosen Ferne, die durchweht ist von etwas, was wie Leere scheint. Es ist nicht etwas, was man verscheuchen könnte. Es blickt durch alles hindurch, es fasst alles ein, man kann es gewaltsam und geschreckt übersehen wollen, aber man bringt es nicht weg.

Es würde noch die umfassende, gerne und doch alles durchdringende Leere scheinen, wenn wir das Herz mit Geifbarem, mit „Realitäten" möglichst voll stopfen würden, wenn wir versuchten, mit solchen „Realitäten" (im Unterschied zu dem gespenstigen Geheimnisvollen, das wir meinen) alle Horizonte zu verstellen, damit der Blick ins Leere überall aufgefangen würde. Es ist wie eine Stille, deren Schweigen schreit, wie das unheimliche Gefühl, angeblickt zu werden, man weiß nicht woher (und doch aus Augen, die, fast wie blind, nicht deutbar sind).

[...]

„Nur dein Auge – ungeheuer blickt's mich an, Unendlichkeit." Man muss das Unsichtbare anblicken und das Schweigende in

Stille reden lassen. Tu das. Sei dabei vorsichtig. Nenne es nicht Gott. Suche es nicht zu genießen, als sei es ein Stück von dir. Es ist das, was stumm auf Gott verweist, das uns in seiner Namenlosigkeit und Grenzenlosigkeit ahnen lässt, dass Gott ein anderes ist als noch ein Ding mehr, hinzugefügt zu denen, mit denen wir sonst zu tun haben. Es weist auf *Ihn* hin. Durch es lässt er uns seine Anwesenheit innewerden, wenn wir stille sind und nicht vor dem Unheimlichen, das in der Stille west und waltet, erschreckt fliehen (und wäre es zum Christbaum oder rasch zu handfesterem, religiösen Begriffen, die die Religion – töten können) …

Dem Schweigenden, der alles in seine endliche Begrenztheit zurücktreten lässt und auf dessen Rand blickt, um über es hinauszusehen, obwohl da nicht „etwas“ zu sehen ist, dem ist Gott da.

Karl Rahner

Erkenne dich selbst

Zu einem Einsiedler kamen eines Tages Menschen. Sie fragten ihn: „Welchen Sinn siehst du in einem Leben der Stille?“ Er war gerade mit dem Schöpfen von Wasser aus einer Zisterne beschäftigt. „Schaut in die Zisterne, was seht ihr?“, fragte er. Die Besucher: „Wir sehen nichts.“ Nach einer Weile forderte der Einsiedler sie wieder auf: „Schaut in die Zisterne, was seht ihr?“ Sie blickten hinunter und sagten: „Jetzt sehen wir uns selbst.“ Der Einsiedler sprach: „Als ich vorhin das Wasser schöpfte, war das Wasser unruhig, und ihr konntet nichts sehen. Jetzt ist das Wasser ruhig, und ihr erkennt euch selbst. Das ist die Erfahrung der Stille.“

Nach einer Parabel

13. Tag

Schweigen

Man soll der Schweigsamkeit zuliebe bisweilen sogar auf gute Gespräche verzichten.

Regel des hl. Benedikt

„Da bin ich sprachlos" – „Mir fehlen die Worte" – „Es war unbeschreiblich" – „Worüber man nicht reden kann, darüber muss man schweigen": Alltagserfahrung und philosophische Erkenntnis bringen zum Ausdruck, dass es eine Wirklichkeit gibt, an die Worte nicht heranreichen. Diese Wirklichkeit ist größer, umfassender, überwältigender, als es die Sprache zum Ausdruck bringen kann. Was uns zutiefst berührt, gehört dazu, worüber wir staunen, was uns bewegt. Es gibt Erlebnisse – besonders schöne können dazugehören –, die wir schützen, indem wir von ihnen schweigen; die wir nicht preisgeben wollen. Wir lassen ihnen ihr Geheimnis, das wir durch analysierendes Reden nicht erfassen könnten.

Weihnachten – die Geschichte von Gott, der ein Menschenkind wurde – gehört zu dieser größeren Wirklichkeit, die Worte nur unpräzise ausdrücken können. Der eine Teil der Geschichte ist schön erzählt. Dem anderen – ihrem Kern – kämen wir schweigend näher. Allerdings ist von Schweigen meist keine Rede im Advent, wenn uns überall ein Klangteppich umgibt von klingelnden Glöckchen, bimmelnden Kinderkarussellen der Weihnachtsmärkte, sprechenden Weihnachtsteddys zum Aufziehen, Engeln aus der Parfümabteilung, die vom Weihnachtsangebot plappern, und den Geschenkvorschlägen und Spendenaufrufen im Radio oder Fernsehen.

„Als tiefes Schweigen das All umfing und die Nacht bis zur Mitte gelangt war, da sprang dein allmächtiges Wort vom Himmel", heißt es in der Bibel an einer in der Kirche auf Weihnachten hin gedeuteten Stelle (Weisheit 18,15). – Man hört es Worten an, ob sie aus dem Schweigen, nach dem Schweigen kommen; sie klingen anders. Auch für weniger allmächtige Worte gilt: „Das Schweigen ist für das Wort wie ein Netz, das unter dem Seiltänzer ausgespannt ist" (Max Picard).

Schweigen

Nach langen Diskussionen oder Gesprächen habe ich meist nur noch ein Bedürfnis – zu schweigen. Es ist, wie wenn ich körperlich spüren würde, dass Wort und Schweigen einander bedingen, wie Einatmen und Ausatmen, wie Ebbe und Flut. Wahrscheinlich brauchen Wort und Gespräch Zeit zur Regenerierung, sonst würden sie müde und verkümmerten, denn es gibt einen tiefen Zusammenhang zwischen dem Wort und dem Schweigen. Wie oft bereut man, gesprochen zu haben, geschwiegen zu haben fast nie. Wie viele Missverständnisse und Verwirrungen könnte man sich ersparen, wenn man seine Zunge beherrschen könnte. Weshalb haben wir heute das Schweigen verloren? Ist es von der Hektik unserer Zeit vertrieben worden? Warum ist es uns peinlich, wenn Schweigepausen entstehen? Fürchten wir uns vor dem Widerhall in unserem Innern? Um sich diesen Fragen anzunähern, lohnt es sich, das Schweigen etwas genauer unter die Lupe zu nehmen. Es gibt nämlich viele Gestalten des Schweigens. Das beredte Schweigen, das bedrückende, ängstliche, bedrohliche Schweigen, das ruhige, liebevolle, barmherzige Schweigen, das Schweigen des Lebens, wenn sich eine Blüte öffnet, und das Schweigen des Todes. Es gibt auch das Schweigen in der Musik, jene Stellen, die oft als Pausen bezeichnet werden, oder nach einer Bachschen Oratorienaufführung, wenn der letzte Ton verklungen ist und alle in stiller Verbundenheit schweigen. Selten ist das Schweigen mehr hörbar, als nach solch einem musikalischen Erlebnis.

Das äußere Schweigen dient der inneren Stille, in der die Antennen nach innen gerichtet werden. Wer schweigt, bleibt zwar weiterhin in der Sprache, er gibt ihr aber keinen hörbaren Ausdruck. Wer schwiegt, ist bei sich selbst in jenem stillen Raum, der überhaupt die Vorbedingung für Denken, Inspiration und Bewegung ist. Entstehen lassen, hören, warten, sammeln sind seine Quellen, zu denen wir immer wieder heimkehren müssen, um unsere Selbstgespräche zu erneuern und unsere Gespräche zu erfrischen. Ohne Schweigen gäbe es kein Vergessen und Verzeihen, meinte Max Picard (1948). Schweigen bahnt den Zugang zu unserem Herzen, deswegen schweigen Liebende, weil sich im Schweigen die Liebe besser ausbreiten kann als beim Reden. Die Feinspürigkeit, Hellhörigkeit und Hellsichtigkeit, die Liebende umgibt – hängt sie womöglich nicht damit zusammen, dass sie den Regungen ihres Herzens besser lauschen können, wenn sie Verschworene im Schweigen sind? So bereitet sich letztlich jede Wandlung im Menschen durch das Schweigen vor, wie beim Maler die leere Leinwand die Voraussetzung ist, um seine Erfahrungen in Ausdruck umzusetzen. So wie wir ein kulinarisches Erlebnis nur genießen, wenn wir zuvor einen leeren Magen haben, wird auch unser Geist nur dann für Eingebungen empfänglich, wenn er dafür immer wieder freigemacht wird.

Aus meiner Arbeit mit Menschen weiß ich, dass Schweigen nicht nur gut tut, es ermöglicht auch Tiefe und vermag manches zu heilen. Wenn wir uns entlasten und Raum für Reflexion und Inspiration schaffen wollen, so sollten wir uns immer wieder mit der Welt des Schweigens in Beziehung setzen, in der sich vieles von selbst ordnet und ausgleicht.

Wie wäre es, wenn Sie versuchten, einmal eine bestimmte Zeitspanne zu schweigen? Das kann eine halbe Stunde, ein Abend oder mit etwas Übung sogar ein ganzer Tag sein. Spüren Sie, wie es ist, wenn Sie keinen Ton von sich geben, keine Meinungen oder Kommentare abgeben. Ihre sämtlichen Energien, die Sie normalerweise ins Reden investieren, für sich behalten. Falls sich das mit Ihrer Arbeit nicht verträgt, vertagen Sie es auf einen freien Tag. Beobachten Sie Ihre Stimmung, Ihren Energiehaushalt und die Reaktionen Ihrer Umgebung. Was fehlt Ihnen? Was gewinnen Sie dabei? Wie fühlen Sie sich am Ende solch eines Schweigetages?

Vielleicht merkt man nach solch einer kleinen Schweigekur, wie viele unserer Äußerungen lediglich Füllsel, Geschwätz oder Geräuschkulisse sind, weil das Gespenst der Leere ängstigt. Vielleicht erinnert es uns an den überwundenen Anfang, als wir nur schweigend hören konnten – die Stimme der Mutter, des Vaters. Lautet die Folgerung womöglich: Nur wer unablässig redet, scheint nicht tot? Jedenfalls haben meine Beobachtungen gezeigt, dass viele Menschen ihre Empfindungen und Gefühle mit Worten abwehren, als wollen sie sie wegräumen oder wegdrücken. Vielleicht würden wir wieder mehr spüren, empfinden und fühlen, wenn wir uns immer wieder eine Dosis Schweigen auferlegten? Schweigen ist zwar „unproduktiv“ und rezeptfrei, aber man kann es sich ja auch selbst verschreiben, wenn man seinem Leben eine neue Ausrichtung geben will.

Irmtraud Tarr

Losgelöst von allen äusseren Geräuschen

Doktor Oreschtschenkow kehrte ins Wohnzimmer zurück
und ließ sich in einem Schaukelstuhl nieder.
Er musste sich jetzt oft ausruhen.
Nicht nur sein Körper brauchte die Ruhe,
um Kräfte zu sammeln,
seit dem Tode seiner Frau
verlangte sein Inneres danach,
sich schweigend zu versenken,
losgelöst von allen äußeren Geräuschen,
Gesprächen, geschäftigen Gedanken,
sogar von allem, was ihn zum Arzt machte.
In solchen Augenblicken schien ihm der Sinn des Daseins
– seiner eigenen langen Vergangenheit und kurzen Zukunft,
seiner verstorbenen Frau, seiner jungen Enkelin,
der Menschen überhaupt – nicht in dem zu liegen,
womit sie sich hauptsächlich beschäftigen,
wofür sie sich interessieren
und wodurch sie berühmt sein werden,
sondern nur darin, ob es ihnen gelänge,
ungetrübt, unerschüttert und unentstellt
das Bild der Ewigkeit in sich zu bewahren,
das jedem gegeben ist
wie das Bild des Mondes in einem ruhevollen Teich.

Alexander Solschenizyn

III. Einfacher werden und intensiver wahrnehmen

14. Tag

Weniger ist mehr

Ann-Christin, 9, hat in diesem Jahr fünf Adventskalender: zwei Kalender mit Schokolade, einen Kalender mit Geschichten über Hirten und einen Kalender mit Zeichenfiguren. Jeder ein gut gemeintes Geschenk; sie hängen verteilt an den Wänden ihres Zimmers. Der fünfte Kalender ist ein sperriger Pappkarton. Hinter jedem Türchen verbirgt sich etwas aus Lego: ein Schneemann, ein Elch, ein Auto, ein Männchen, ein Flugzeug und 19 weitere Gegenstände.
Nach acht Tagen kommt Ann-Christin entnervt zum Frühstück. „Ich schaff' das nicht. Jeden Tag vergesse ich ein Türchen. Im nächsten Jahr will ich nur noch einen Schokoladen-Kalender."

Was zuviel ist, ist zuviel. Auch wenn es, wie jetzt in der Adventszeit, zuviel des Guten ist. Diese wunderbaren Marzipanfrüchte. Selbstgebackene Nussplätzchen. Köstliche Schokoladenpralinen. Ein richtig guter Christstollen. – Süßes muss sein zur Weihnachtszeit. Aber von zuviel Süßem kriegt man Bauchschmerzen.

Da erinnern sich nicht wenige daran, dass die Adventszeit früher eine Fastenzeit war. Und lassen im Advent eine Woche lang den Alkohol weg. Essen Süßes nur am Sonntag, weil sie an Weihnachten dann noch nicht übersättigt sind. Kommen sieben Tage lang auch ohne Abendessen aus, trinken genug und essen vielleicht nur einen Apfel oder einen Joghurt: und fühlen sich leichter. Wer Fastenerfahrung hat, erzählt: Fasten macht wacher, sensibler, freier, lebendiger, offener. Man träumt intensiver und fühlt sich gelassener. Und hat einen Blick für Unscheinbares, das einen eigenen Reiz entwickeln kann. – Auch in anderen Bereichen gilt, dass das Seinlassen zu Freiräumen führt, nach denen wir uns sehnen. Wie wäre es mit einer Woche ohne Ziele? Keine Zielvereinbarungen, Umsatzziele, Erziehungsziele, schlägt Werner Küstenmacher vor, ein Fachmann für die Kunst des Weglassens. Denn wenn wir sie erreicht haben, wird das nächste gesteckt: Da ist kein Ende in Sicht, kein Ankommen.

Eine Woche ohne Vorwürfe? Ein Tag ohne Uhr? Von Heiligabend bis Dreikönig ohne PC? – Weglassen, einfacher werden: Das hat mit der Freiheit zu tun, weniger zu wählen statt mehr, den Raum statt der Dinge, die man hineinstellt, die Zeit statt der vermeintlichen Zeitersparnis – und damit, zu wissen, was man wirklich braucht und mag.

Stilleben

Ich setze mich manchmal in meiner Wohnung an eine Stelle, an der ich sonst nicht sitze, und lasse einige Minuten die Ästhetik meines Gewürzregals in der Küche oder meiner ungeputzten Schuhe im Flur auf mich wirken.

Das ist das Geheimnis von Dias und Fotografien, die meistens schöner und intensiver wirken als die Originale: Weil man sich Zeit nimmt und sie bewusst anschaut. Als es die Fotografie noch nicht gab, hat man alltägliche Dinge gemalt, in den Niederlanden vor allem. Man nennt sie „Stilleben". „Stilleben" wahrscheinlich auch deshalb, weil man beim ruhigen Anschauen richtig physisch merken kann, wie sich in der Magengrube etwas löst und man still und entspannter wird. Jeder Augenblick echter Achtsamkeit löst ein kleines bisschen unseren psychischen Dauerkrampf, mit dem wir durch die Welt stampfen und nichts mehr wahrnehmen.

Kleine Kinder beherrschen diese Kunst des Achtens auf Alltägliches noch. ... Kinder leben noch ganz, sind ganz da, wo sie sind.

Bernardin Schellenberger

Homo absurdus

Wir brauchen
immer mehr Kilometer
für ein Erlebnis.
Wir brauchen
immer mehr Stimulation
für ein Lachen.
Wir brauchen
immer mehr Tätigkeiten
für eine Tat.
Wir brauchen
immer mehr Ideen
für eine Vision.
Wer hat uns das gelehrt?

Wir brauchen
immer mehr Wörter
für ein Wort.
Wir brauchen
immer mehr Denken
für einen Gedanken.
Wir brauchen
immer mehr Empfindungen
für ein Gefühl.
Wer hat uns das gelehrt?

Wir brauchen
immer mehr Zeit,
um Zeit zu sparen.
Wir brauchen
immer schnellere Autos,

um immer langsamer zu fahren.
Wir brauchen
immer mehr Maschinen
und immer weniger Menschen.
Wir brauchen
immer mehr Versprechen
für immer weniger Wahrheit.
Wer hat uns das gelehrt?

Wir brauchen
immer mehr
für immer weniger.
Am Ende haben wir alles
verbraucht:
Erde, Luft, Wasser, Energien,
Geist, Gefühl, Hoffnung und
Menschen.
Am Ende haben wir
unseren Planeten verbraucht.
War es das wert?

Bodo Rieger

15. TAG

EIN HERZLICHES NEIN SAGEN

Ich weiß, viel ist zu tun.
Aber nichts tun
und geschehen lassen
ist nötiger.
Ist mehr.

Jörg Zink

Manchmal ist eine Auszeit nötig, für die gilt: nicht herumlaufen: stehenbleiben. Nichts erledigen: Hände in den Schoß. Nicht das auch noch machen: Nein sagen. Nicht reden: ruhig sein. Nicht noch schnell was in Ordnung bringen: stillhalten. Nicht den vereinbarten Termin einhalten: absagen. Nicht nachdenken: geschehen lassen.

In der Stille höre ich den inneren Lärm: aushalten. Im Schweigen baden wie in heißem Wasser. Die innere Unruhe stillen wie eine Mutter ihr Kind. Freundlich, mit viel Geduld. Es dauert manchmal ein bisschen. Dafür muss ich meine Zuwendung nach innen richten. Und manchmal nützt es wirklich, ein heißes Bad nehmen. Die Augen zu schließen. Und vielleicht den guten Duft eines ätherischen Öls einzuatmen: Lavendel entspannt und beruhigt. Sandelholz löst inneren Streß und Überreizung und bringt ins Gleichgewicht. Orange sogt für Wärme, Heiterkeit und frische Unbeschwertheit.

Wenn der Advent zu hektisch wird: Nehmen Sie sich ein Timeout, bevor es zum Burnout kommt.

HERZLICHES NEIN

Plätzchen backen, den Weihnachtschmuck herauskramen, neuen basteln, Kinder zum Adventssingen fahren, Weihnachtsessen planen, Geschenke einkaufen, vorkochen, Weihnachtspost schreiben, die nassen und dreckigen Winterklamotten der Kinder waschen, Weihnachtsatmosphäre in die Wohnung zaubern, ein ganz normales Pensum für mich als Hausfrau und Mutter in der Vorweihnachtszeit.

Wie geht es mir dabei? Ganz drastisch gesagt, fühle ich mich in dieser Zeit wie ein Muttertier, das ausschließlich seinen sorgenden und nährenden Instinkten nachkommt. Eine Freundin fragte mich vor kurzem: „Sag mal, was tust du eigentlich so richtig gerne für dich selbst?“ „Es gibt schon Sachen, die mir Spaß machen, z. B. Kinderkleider nähen,“ antwortete ich. Ihr verdutztes Gesicht ließ mich stocken. Stimmt, das ist ja gar nichts, was ich für mich tue. Mir war es nicht mehr eingefallen, wie gerne ich in Ruhe einen Becher Kaffee trinke, bummeln gehe, mich mit einer Freundin verabrede oder in einem Café genussvoll in Zeitschriften schmökere. Mir fiel es wie Schuppen von den Augen. Ich hatte all die Dinge vergessen, die mir Freude machen. Da hilft nur eins: laut und deutlich auf viele Erwartungen zu antworten: „Nein, jetzt sind nicht andere dran, jetzt bin ich dran!“ Das muss nicht wie eine Ohrfeige klingen. Es kann ein herzliches Nein sein, das mir hilft, mich selber nicht aus dem Blick zu verlieren.

Barbara Breuer

Gelassen der Mensch
Der sich nicht ausnützen lässt
Weil er sich jeden Tag
Erholung gönnt
Er weiß tief innen, dass er
Letztlich nicht durch Leistung
Anerkannt ist

Gelassen der Mensch
Der der Hetze Widerstand leistet
Im Wahrnehmen
Des göttlichen Kerns in sich
Der ihn mit Schöpfung und Kosmos verbindet

Gelassen der Mensch
Der mitten in der Hektik
Die Augen schließt
Und hineintaucht in die Wirklichkeit
Der liebenden Zuwendung Gottes
In allen Dingen

Gelassen der Mensch
Der die Ursache der Spannungen
Nicht nur bei den anderen und
In den Strukturen sucht
Sondern in sich den Grund findet
Um mehr im Einklang mit sich selber zu leben

Pierre Stutz

16. TAG

WÜNSCHE HABEN

Es gibt Wünsche, die man nicht erfüllt wünscht, weil sie einem zu lieb sind. Gingen sie in Erfüllung, so verlören sie sich.

Robert Walser

Wer keine Wünsche hat – ist der arm oder glücklich? Darüber ließe sich streiten. Gibt es die Erfüllung großer Wünsche ohne kleine Enttäuschungen? Welches war Ihr größter (Weihnachts-) Wunsch als Kind? Wurde er erfüllt? Vielleicht wird aus einem Abend, an dem Sie mit Freunden oder in der Familie zusammensitzen, ein überraschender Wunschabend. Erzählen Sie sich, Ihren Kindern und Freunden gegenseitig von Ihren Kinderwünschen. Und was daraus wurde. Und von den jetzigen.

Wünsche sind Lotsen zum Sinn. Wünsche zu haben und sie zu sagen oder aufzuschreiben, lässt uns Klarheit gewinnen darüber, was wir mit unserem Leben wollen. Machen Sie eine Wunschzettelrunde, in der alles Platz hat: der Wunsch nach einem Pony mit dunklen Augen und der nach einer Segelyacht, der Wunsch nach einer Oma in Laufnähe, die sich begeistert um die Kinder kümmert, der Wunsch, alle Menschen mögen sich lieben, vielleicht auch alle in der Familie, der Wunsch, mal ein Lagerfeuer draußen zu machen, der Wunsch nach einem freien Wochenende, der Wunsch nach unpraktischen roten Stöckelschuhen, der Wunsch nach einer halben Stunde Zeitungslesezeit täglich, der Wunsch nach einem Fest, bei dem's nur Gummibärchen gibt … Oder denken Sie nur für sich einen Tag lang immer wieder darüber nach, welchen einen Wunsch Sie zu Weihnachten gerne erfüllt hätten. Welchen Schatz würden Sie in dem Kästchen mit dem goldenen Schlüssel finden?

VERWÜNSCHT

Kinder von heute wünschen knapp „das Playmo-Indianerdorf, Nummer 3-8-7-0 im Katalog. Und dann noch, Mama, das weiße Bayern-Auswärts-Trikot!" Oder sie äußern listig, sie wollten sich diese Weihnachten echt mal überraschen lassen, weil – an ihrem Geburtstag hätten sie sich nämlich *ver*wünscht; die Lego-Unterwasserwelt sei doch nicht sooo geil gewesen. Dann stehen die Eltern da, besorgt, sich zu *ver*schenken. Das Kind, das ich war, muss mit neun Jahren anders gewesen sein. Dümmer, uncool und gegen vernünftige Argumente resistent. Ich wünschte mir hartnäckig ein Pony, hellbraun mit beigefarbener Mähne. Kein Zweifel: Es wäre in unserer Fünfzimmeretage glücklich geworden, denn die fehlende Weide vor der Tür hätte ich ihm durch zarte Küsse auf die samtenen Nüstern ersetzt. Nachts wollte ich seine kalten Hufe unter der Bettdecke wärmen. Was braucht ein Pferd mehr? Es sollte Ri heißen und nur mich als Reiterin dulden. An Weihnachten 1968 war alles wie immer: Der Tannenbaumständer unauffindbar, die Oma zu Besuch, die Christmette endlos. Dann die Bescherung. Neue Lackschuhe, ein Ponybuch von Lise Gast, eine Handtasche ... Ziemlich mager, fand ich, und fühlte deutlich einen Kloß im Hals. Kein Hauptgeschenk. Und dann kam der Moment, in dem ich mit tränenblinden Augen in der Ecke hinten noch etwas entdeckte. Es war groß. Es war vorne höher als hinten. Es stand ganz still und war mit einem riesigen weißen Betttuch bedeckt. Mit dem Schrei „Mein Pony! Mein Pony!" stürzte ich zu dem Großen hin und befreite – mein erstes eigenes Fahrrad von seiner weißen Satteldecke. Ich nannte es Ri, insgeheim. Und es duldete nur mich als Reiterin.

Iris Mainka

Der goldene Schlüssel

Zur Winterzeit, als tiefer Schnee lag, musste ein armer Junge hinausgehen und Holz auf einem Schlitten holen. Wie er es nun zusammengesucht und aufgeladen hatte, wollte er, weil er so verfroren war, noch nicht nach Hause gehen, sondern erst ein Feuer anmachen und sich ein bisschen aufwärmen. Er scharrte den Schnee weg, und wie er so den Erdboden aufräumte, fand er einen kleinen, goldenen Schlüssel. Nun glaubte er, wo der Schlüssel wäre, müsste auch das Schloss dazu sein, grub in der Erde und fand ein eisernes Kästchen. Wenn der Schlüssel nur passt, dachte er, es sind gewiss kostbare Sachen in dem Kästchen. Er suchte, aber es war kein Schlüsselloch da; endlich entdeckte er eines, aber so klein, dass man es kaum sehen konnte. Er probierte, und der Schlüssel passte glücklicherweise, und er öffnete das Kästchen …

nach den Brüdern Grimm

17. TAG

WAS UNS FEHLT

Diese zwei Porzellan-Gegenstände fehlten uns grade noch. Ich habe schon wochenlang in meinen Träumen Angst davor gehabt. Wehe Eurem Angedenken, wenn nach 100 Jahren unser Glasschrank einem meiner Urenkel auf den Kopf fällt! – – – Hier sitze ich, denke dieser Kinder und Enkel und – schüttle das Haupt.
Vergnügte Feiertage! In Braunschweig regnet's, schneit's und eiset's glatt.
Euer getreuer WR.

Wilhelm Raabe an Jensens, 23. 12. 1877

Was uns fehlt, können wir uns nicht selbst geben. Wir haben es nicht. Manchmal wissen wir gar nicht so genau, was es ist, das uns fehlt. Wir spüren ein Unbehagen, empfinden einen Mangel, den wir möglicherweise aber nicht benennen können. Es ist „eine milchig weiße Stelle" im vollkommenen Weihnachtsbild. Das ist gut so.

Perfekte Weihnachten: Wie langweilig wäre das! Irgendwie unlebendig. Was uns fehlt, hält unsere Sehnsucht wach. Was uns fehlt, zeigt uns, dass wir andere brauchen, die vielleicht etwas davon haben. Was uns fehlt, lässt uns auf nächstes Jahr hoffen. Was uns fehlt, kriegen wir manchmal geschenkt. Nie alles allerdings. Das wäre ja langweilig.

Wann wir genug haben? Was ist genug? – Wir machen die Entdeckung: Es gibt auch ganz viel, was wir nicht haben – und was uns überhaupt nicht fehlt.

WIR KÖNNEN NICHT NUR MIT UNS SELBST AUSKOMMEN

Warum ist es so schwierig, ein Geschenk als Geschenk anzuerkennen? Der Grund dafür ist dieser. Wenn ich zugebe, dass etwas ein Geschenk ist, dann gebe ich auch meine Abhängigkeit vom Geber zu. Das mag sich nicht sonderlich schwierig anhören, aber es gibt etwas in uns, das sich bei der Vorstellung von Abhängigkeit sträubt. Wir wollen es allein schaffen. Ein Geschenk aber ist etwas, das wir nicht einfach uns selbst vermachen können – zumindest nicht als Geschenk. Ich kann das Gleiche oder sogar etwas Besseres kaufen. Aber es wird kein Geschenk daraus, wenn ich es für mich selbst beschaffe. Ich kann ausgehen und mir etwas ganz Großartiges leisten. Ich kann später sogar dankbar sein für die herrliche Zeit, die ich verbrachte. Aber kann ich mir selbst dankbar sein dafür, mir so etwas Feines geleistet zu haben? Das wäre halsbrecherische geistige Akrobatik. Dankbarkeit geht immer über mich selbst hinaus. Denn was etwas zu einem Geschenk macht, ist eben die Tatsache, dass es gegeben ist. Und der Empfänger ist abhängig vom Geber.

Wenn ich ein empfangenes Geschenk anerkenne, dann erkenne ich das Band an, das mich an den oder die Gebende bindet. Aber wir neigen dazu, die Verpflichtungen zu fürchten, die sich aus dieser Bindung ergeben. Als ich vor dreißig Jahren Englisch lernte, drückte man in Amerika in der Regel seinen Dank dadurch aus, das man „sehr verbunden" („very much obliged") sagte. Kaum jemand benutzt diesen Ausdruck heute. Warum nicht? Einfach deshalb, weil wir nicht verbunden sein wollen. Wir wollen mit uns selbst auskommen. Unsere Sprache verrät uns.

Natürlich gibt es auch eine gesunde Seite unseres Wunsches nach Unabhängigkeit. Wir wollen selbst für uns sorgen. Ohne diesen Wunsch würden wir niemals dem Stadium des Gefüttertwerdens entwachsen. Und um aus diesem Stadium herauszukommen, mussten wir durch eine Phase hindurch, bei der am Ende unserer Mahlzeit Nase, Kinn, Ohren und Lätzchen mit Haferflocken verschmiert waren. Aber selbst nachdem wir uns selbst zu ernähren gelernt haben, sollte man davon ausgehen können, dass wir verständig genug sind, uns von einer Krankenschwester füttern zu lassen, wenn sich das als notwendig erweisen sollte. Erwachsen zu werden heißt beides lernen, uns selbst helfen zu können, aber auch Hilfe anzunehmen, wenn wir sie brauchen. Einige Leute scheinen niemals dem Stadium des „das will ich alleine machen“ zu entwachsen. Doch mitfühlende Augen durchschauen die äußere störrische Unabhängigkeit und erkennen dahinter ein Kind auf einem Kinderstuhl, mit Haferflocken von der Nase bis zu den Zehen.

In gewissem Sinne ist es richtig, Abhängigkeit zu fürchten. Bloße Abhängigkeit ist Sklaverei. Unabhängigkeit aber ist eine Illusion. Hätten wir wirklich zwischen Abhängigkeit und Unabhängigkeit zu wählen, dann wären wir in Schwierigkeiten. Tatsächlich geht es um die Wahl zwischen Entfremdung und gegenseitiger Abhängigkeit. Unabhängigkeit ist Entfremdung. Sie schneidet uns ab von anderen. Bloße Abhängigkeit aber ist – auf subtile Weise – auch Entfremdung. Denn bloße Abhängigkeit ist Sklaverei; und ein Sklave ist ein Fremder. Gegenseitige Abhängigkeit hingegen verbindet uns mit anderen über das Band eines freudigen Gebens-und-Nehmens, über ein Band des Zusammengehörens.

Die gegenseitige Abhängigkeit von Dankbarkeit ist wirklich wechselseitig. Der Empfänger eines Geschenks hängt vom Geber ab. Das ist ganz offensichtlich. Aber der Kreis von Dankbarkeit ist unvollkommen, solange der Geber des Geschenks nicht zum Empfänger wird: zum Empfänger des Dankes. Das größte aller Geschenke ist das Danksagen. Geben wir Geschenke, dann geben wir, was wir uns leisten können, danken wir aber, dann geben wir uns selbst. Ein Mensch, der zu einem andern „ich danke dir“ sagt, sagt eigentlich: „Wir gehören zusammen.“ Gebender und Dankender gehören zusammen. Das Band, das sie vereint, befreit sie von Entfremdung. Leidet unsere Gesellschaft deshalb so sehr unter Entfremdung, weil es uns nicht gelingt, Dankbarkeit zu kultivieren?

Im selben Moment, da ich das Geschenk als Geschenk anerkenne, und damit meine Abhängigkeit, bin ich frei – frei, um meine ganze Dankbarkeit auszudrücken. Diese Fülle kommt mit der Freude aus der Würdigung des Geschenks. Würdigung, Wertschätzung ist eine Reaktion unserer Gefühle. Unser Intellekt erkennt das Geschenk als Geschenk, unser Wille erkennt es an, aber nur unsere Gefühle reagieren mit Freude und uneingeschränkter Wertschätzung auf das Geschenk.

Es gibt zwei Fallen, in denen sich unsere Gefühle verfangen können, eine macht aus uns ein Mauerblümchen, die andere einen Vampir. Der Vampir in uns kann den Tanz nicht wirklich genießen, weil er zu ungeduldig und versessen ist. Das Mauerblümchen kann es nicht, weil es sich nicht traut. Der eine quetscht den letzten Tropfen Gefühl aus jeder Erfahrung. Die Gefühle des anderen sind zu häufig verletzt worden. Aber das Kind in uns tanzt, selbstvergessen und spontan, mit einer anmutigen Geste der Dankbarkeit.

Wir wissen, wie sehr wir dazu neigen, die Geschenke des Lebens einfach zu packen und damit fortzulaufen. Wir sind uns der ersten Falle durchaus bewusst. Erinnern wir uns daran, wie verwundbar unsere Gefühle sind, dann werden wir uns auch der zweiten Falle bewusst. Nie sind wir verwundbarer, als in jenen Momenten, da wir mit dem Herzen reagieren. Denn die Momente der Dankbarkeit sind jene, in denen wir unsere Herzen öffnen, wodurch wir leichter zu verwunden sind.

David Steindl-Rast

Wie man vollkommene Weihnachten malt

Oben hin malt man
den Himmel, fein wie Froschhaar.
Unten hin gießt man etwas Finsternis,
angewärmt auf Zimmertemperatur
oder ein bisschen mehr.

In die Finsternis ritzt man
mit einer Katzenkralle ein Bäumchen,
das allerschönste Bäumchen,
von dem auf der Welt
kein einziger Förster träumt.

Und das Bäumchen beginnt
ganz von allein zu leuchten,
und schon knistert das Bild
von grüner Freude,
von purpurner Hoffnung.

Ja, aber jetzt müsst ihr
unters Bäumchen
das Wichtigste legen,
das, was ihr euch am meisten wünscht,
das, was die Sänger beim Gitarrenklang
Glück heißen.

Die Katze hat es leicht
die Katze legt eine Maus hin,
der Hauptmann legt sich
die größte Düsenhellebarde hin,

die schießt, feuert und salutiert,
der Spatz legt sich
ein paar Halme fürs Nest hin,

der Herr Offizial legt sich
eine erledigte Akte mit roter Schleife hin,
der Schmetterling legt sich
ein Pfauenauge aus Lastex hin,
und was legt ihr euch hin?

Ihr überlegt, überlegt,
bis der Tag graut,
bis der Fluss fast weggeflossen ist,
bis die Glühbirnen zu gähnen anfangen,
ihr überlegt,

und am Ende saugt ihr
mit dem Löschblatt in der Finsternis
eine milchige weiße Stelle frei,
ein bisschen wie ein Dukaten,
ein bisschen wie ein Schiff,
ein bisschen wie der Mond,
ein bisschen wie das schöne Gesicht
eines anderen Menschen.

Eine milchig weiße Stelle,
vielmehr etwas wie Leere,
oder das Gegenteil von etwas,
wie Nichtschmerz,
wie Nichtangst,
wie Nichtsorge,
eine milchig weiße Stelle,

und ihr geht schlafen
und sagt euch,
ja, ich kann es jetzt,
ja, nächstes Mal schon
male ich
die besten Weihnachten,
die es je gab.

Miroslav Holub

18. TAG

GESCHENKE?

Keinen verderben zu lassen,
auch nicht sich selber.
Jeden mit Glück zu erfüllen,
auch sich, das
ist gut.

Bertolt Brecht

Neue, originelle, besondere, ausgefallene, billige und ganz andere Geschenkideen.

Geschenkservices, Geschenkgutscheine, Last-Minute-Geschenke, Geschenkpackungen, virtuelle Geschenke, Geschenkpapier, Geschenkumtauschgarantien und überhaupt: Geschenkartikel. Merkwürdigerweise fällt das Schenken nicht leichter mit all diesen Hilfen. Es kann einem vielmehr die Lust daran vergehen ... Sich auf Geschenkeverzicht zu verständigen könnte ein Ausweg sein – oder ist er nur ein Zeichen von Phantasielosigkeit?

„Schließlich haben wir alle so unsere menschlichen Triebe, und Schenken ist einer davon", weiß die lebenskluge Mutter des berühmten und reichen englischen Detektivs Lord Peter Wimsey, die ihre Wurzeln noch ganz im 19. Jahrhundert hat. Einige Zeit später ist der Geschenktrieb dabei, zu verkümmern; ihn zu erhalten, braucht Zeit und Einfallsreichtum und die Fähigkeit, sich in einen anderen hineinversetzen zu können. Wie schön ist es, jemanden zu überraschen mit etwas, was er sich gewünscht hat. Oder was zu wünschen er selbst kaum ahnte. Was erfreut und gefällt, vielleicht sogar beglückt. Wer genießt es nicht, Heimlichkeiten zu haben. Auch großen Kindern, wie cool auch immer, sollten sie nicht vorenthalten werden.

Es ist gar nicht so einfach, beim Schenken die Balance zu halten zwischen unsinnigem Stress und einfallsloser Trägheit. Wenn wir Tante Sofies Buch – eine Liebesgeschichte ohne Sex – weder in Buchhandlungen noch im Antiquariat oder bei Amazon finden; wenn Gudrun sich nur über Musik freut, die neuesten Platten aber immer selbst schon hat, und Michaels einziger Wunsch: dass alle guter Laune sind, wirklich schwer zu erfüllen ist – dann ist eine vielleicht auch unpersönlichere Aufmerksamkeit besser als nichts. Es aber bei einer E-Christmascard für alle zu belassen, weil die großen Wünsche zu teuer sind und die kleinen sich doch jeder selbst erfüllt, heißt, der Ge-

schenkefrage einfach aus dem Weg zu gehen und sich um die andern nicht zu kümmern. Aber es gibt ja Gelegenheiten, die Balance zwischen Geschenkestress und Phantasielosigkeit, zwischen Aufmerksamkeit für die anderen und Sorge für sich selbst zu finden: alle Jahre wieder.

UMTAUSCH NICHT GESTATTET

Die Menschen verlernen das Schenken. Der Verletzung des Tauschprinzips haftet etwas Widersinniges und Unglaubwürdiges an; da und dort mustern selbst Kinder misstrauisch den Geber, als wäre das Geschenk nur ein Trick, um ihnen Bürsten oder Seifen zu verkaufen. Dafür übt man charity, verwaltete Wohltätigkeit, die sichtbare Wundstellen der Gesellschaft planmäßig zuklebt. In ihrem organisierten Betrieb hat die menschliche Regung schon keinen Raum mehr, ja die Spende ist mit Demütigung durch Einteilen, gerechtes Abwägen, kurz durch die Behandlung des Beschenkten als Objekt notwendig verbunden. Noch das private Schenken ist auf eine soziale Funktion heruntergekommen, die man mit widerwilliger Vernunft, unter sorgfältiger Innehaltung des ausgesetzten Budgets, skeptischer Abschätzung des anderen und mit möglichst geringer Anstrengung ausführt. Wirkliches Schenken hatte sein Glück in der Imagination des Glücks des Beschenkten. Es heißt wählen, Zeit aufwenden, auf seinem Weg gehen, den anderen als Subjekt denken: das Gegenteil von Vergesslichkeit. Eben dazu ist kaum einer mehr fähig. Günstigenfalls schenken sie, was sie sich selber wünschen, nur ein paar Nuancen schlechter. Der Verfall des Schenkens spiegelt sich in der peinlichen Erfindung der Geschenkartikel, die bereits darauf angelegt sind, dass man nicht weiß, was man schenken soll, weil man es eigentlich gar nicht will. Diese Waren sind beziehungslos wie ihre Käufer. Sie waren Ladenhüter schon am ersten Tag. Ähnlich der Vorbehalt des Umtauschs, der dem Beschenkten bedeutet: hier hast du deinen Kram, fang damit an, was du willst, wenn dir's nicht passt, ist es mir einerlei, nimm dir etwas Anderes dafür. Dabei stellt gegenüber der Verlegenheit der üblichen Geschenke ihre reine Fungibilität auch noch das Menschlichere dar, weil sie dem Beschenkten wenigstens erlaubt, sich selber etwas zu schenken, worin freilich zugleich der absolute Widerspruch zum Schenken gelegen ist.

Gegenüber der größeren Fülle von Gütern, die selbst dem Armen erreichbar sind, könnte der Verfall des Schenkens gleichgültig, die Betrachtung darüber sentimental scheinen. Selbst wenn es jedoch im Überfluss überflüssig wäre – und das ist Lüge, privat so gut wie gesellschaftlich, denn es gibt keinen heute, für den Phantasie nicht genau das finden könnte, was ihn durch und durch beglückt –, so blieben des Schenkens jene bedürftig, die nicht mehr schenken. Ihnen verkümmern jene unersetzlichen Fähigkeiten, die nicht in der Isolierzelle der reinen Innerlichkeit, sondern nur in Fühlung mit der Wärme der Dinge gedeihen können. Kälte ergreift alles, was sie tun, das freundliche Wort, das ungesprochen, die Rücksicht, die ungeübt bleibt. Solche Kälte schlägt endlich zurück auf jene, von denen sie ausgeht. Alle nicht entstellte Beziehung, ja vielleicht das Versöhnende am organischen Leben selber, ist ein Schenken. Wer dazu durch die Logik der Konsequenz unfähig wird, macht sich zum Ding und erfriert.

Theodor W. Adorno

WEIHNACHTEN

Puppenwagen, Eisenbahnen,
Persianer, Sportclubfahnen,
eine Bluse aus Luzern.
Messingvasen, Sofakissen,
Lachs und andre gute Bissen –
und darüber glänzt der Stern.

Weißgolduhren, Seidentücher,
Pfefferkuchen, Kinderbücher,
Eisbärfell und bunter Ball.
Opernkarten, junge Hunde
und ein Band Fossilienkunde –
und daneben steht der Stall.

Dresdner Stollen, Lippenstifte,
Briefpapier und Veilchendüfte
und ein Kopftuch für den Wind.
Portemonnaies aus Vollrindleder,
für den Garten eine Zeder –
und darunter schläft das Kind.

Festtagswünsche, Dankesküsse,
Rauschgoldengel, Pfeffernüsse –
und es ist trotz allem schön.
Auch die Könige aus dem Osten
brachten Dinge, die was kosten,
in den Stall von Bethlehem.

Margarete Kubelka

19. TAG

AUF DER SUCHE NACH DER VERLORENEN ZEIT

Je älter wir werden, je mehr Zeit haben wir,
denn desto mehr Zeit wurde uns geschenkt.

Gerd B. Achenbach

Zeit vergeht, das erfahren wir mal als schön und mal als schmerzlich. Aber wie kann Zeit verloren gehen? Sie geht uns verloren, wenn wir so leben, als ob das Eigentliche erst noch käme. Als ob nicht schon jetzt jeder Tag, jede Stunde ein Stück unseres einzigen Lebens wäre. Sie geht uns verloren über der Suche nach der Antwort auf die Frage: „Wo, bitte, findet das Leben statt?" Sie geht uns verloren, wenn wir immer an die guten alten Zeiten denken. Sie geht uns verloren, wenn wir dabei sind, immer nur das nächste Ziel zu erreichen. Sie geht uns verloren, wenn wir nicht in der Gegenwart sind. Sie geht uns verloren, wenn wir nicht immer wieder innehalten zwischen gestern und morgen, um zu spüren, ob das Leben, das wir leben, das Leben ist, das wir leben wollen. Wenn wir nicht anfangen, das Heute zu genießen. Zeit, in der ich ganz im Augenblick bin – und sei es Zeit, die ich mit Warten verbringe, mit Schuheputzen, im Stau, mit uneinsichtigen Geschäftskunden – solche Zeit geht nicht verloren. Sie wird sich immer wieder finden lassen. Manchmal stoßen wir dann in einer Schublade unseres Gedächtnisses, deren Schlüssel irgendwo versteckt war, auf einen überraschenden Erinnerungsfund. So eine Schublade voll gelebter Alltagsaugenblicke ist die unverlierbare Verbindung zwischen Gestern und Heute, und wir nehmen sie mit nach Morgen.

SCHLÜSSEL

In einem Kästchen hebe ich Schlüssel auf, ich weiß nicht, in welche Türen sie gehören. Aber für alle Fälle. Wenn ich es wissen will, muss ich sie wegwerfen. Ich werfe nichts weg.

In meinen Erinnerungen stehen alle Türen offen. Meine Erklärungen wehen ungehindert hindurch, was sie freilich auch durch Schlüssellöcher täten. Meist sind sie ungereimt und in freien Rhythmen, das mag mancher nicht. Reime prägen sich besser ein, aber in meinen Zimmern geht es so zu. Meine Frau versteht es.

Früher gab es Apfelbäume im Garten, noch früher Brennnesseln, die man sammeln und zu Kleidern verarbeiten konnte. Sie mögen grüne Hemden, sagte unser Hausarzt, das ist gut für die Augen. Er hatte den Namen einer Stadt und immer unsern Hausschlüssel, manchmal brauchte ich nachts Pfefferminztee. Diese alten, geduldigen Zeiten!

Die Apfelbäume kannte ich namentlich, sie hielten länger als die Nesseln. Aber wenn ich an Masern und Mumps denke, ist auch das lange her. Mäuse in Papprollen gab es damals, die Ziegel waren körnig und verkauften sich schlecht. Ich litt an Ratlosigkeit.

Von überallher nehme ich Schlüssel mit, es macht mir nichts. Sie klirren gegeneinander, selbst im geschlossenen Kästchen, das ist ihr Unwille und ihre Zustimmung, es ist alles zugleich, das entspricht mir. Zu Weihnachten schmücke ich mit ihnen den Apfelbaum und wünsche ihnen ein gleich gutes Jahr.

Günter Eich

Die Uhren

Die Uhren haben mich lange krank gemacht.
Dass die Zeit vergeht, tut körperlich weh

und die unruhigen kleinen Zeiger liefen
von Sommer zu Winter

und wieder zu Winter zurück
und sprangen immer rascher als ich

dergleichen ist unerträglich

Lange haben mich die Uhren krank gemacht.
Tun es nicht mehr
Kann es mir nicht mehr leisten, nicht zu hoffen.

Lichtmeer, Geschichte, Geduld
Und die Hoffnung

Die noch verbleibende Zeit ist in Wahrheit
sehr lang, die noch verbleibende Zeit

ist die Zeit, da wir uns selbst finden werden
die noch verbleibende Zeit hat die vergangene
Zeit gebraucht.

Lars Gustafsson

20. TAG

LOSLASSEN

Lass los, was du nicht festhalten kannst.

„Wenn ich etwas ganz festhalte, wenn ich gestorben bin", fragt der dreijährige Junge seine Mutter, „kann ich es dann mit in den Himmel nehmen?". Leider nein, ist die Antwort, was den geliebten Ball des Dreijährigen angeht. Auf dem Weg in den Himmel muss man so ziemlich alles loslassen.

Doch es gibt auch schon auf der Erde nicht allzu viel, was man wirklich festhalten kann. Kaum etwas von dem zum Beispiel, worauf es wirklich ankommt.

Die gute Nachricht: Etwas loszulassen, heißt nicht immer, es zu verlieren. Manches Verlorene läßt sich wiederfinden. Und „manchmal lässt sich das Glück nur finden, wenn wir unsere Vorstellung vom Glück aufgeben, eine Vorstellung, die uns oft peinigt und einengt. Vielleicht ist es ja schon das Glück, diese Vorstellung endlich zu verlieren" (Ulrich Schaffer).

LOSLASSEN

Es gibt eine kleine Übung, die den Unterschied verdeutlicht zwischen zwei Arten des Loslassens: Nehmen Sie einen Kugelschreiber in die Hand und halten Sie ihn fest. Jetzt öffnen Sie die Hand und lassen ihn los. Fällt er auf den Boden, verwechseln Sie Loslassen mit Verlieren. Bleibt er in Ihrer nach oben geöffneten Hand liegen, halten Sie nicht fest, können den Stift aber weiter verwenden. Erklärungen nützen wenig, wenn wir sie nicht auf unsere Erfahrungen beziehen können. Nur was wir am eigenen Leib erlebt haben, verstehen wir. Wiederholen Sie die Übung einige Male und schreiben Sie „große" Dinge auf einen Zettel. Halten Sie fest und öffnen Sie dann die Hand, einmal nach unten und einmal nach oben geöffnet. Spüren Sie den Unterschied.

Sinn und Unsinn des Festhaltens können wir gut vom Atem lernen. Ich möchte Ihnen eine nicht traditionelle Übung vorstellen, die uns die innere Dynamik des Festhaltens und Loslassens leicht verstehen lässt. Sie funktioniert sehr gut, wenn man sie durchführt – darüber nachdenken allein nützt wenig. Setzen Sie sich auf einen Stuhl oder auf das Sofa. Atmen Sie ein, zwei Minuten normal ein und aus. Dann denken Sie an etwas, was Sie im Moment auf keinen Fall loslassen wollen: den Ärger über die unfreundliche Nachbarin; die Meinung, dass die vierzehnjährige Tochter abends um zehn zu Hause sein muss; die Liste der Dinge, die Sie heute unbedingt erledigen wollen. Dann atmen Sie lang und tief ein und weigern sich, wieder auszuatmen. Halten Sie den Atem so lange wie möglich fest. Nach kurzer Zeit geht das nicht mehr, und Sie atmen schnaufend aus. Das machen Sie zwei, drei Mal. Danach kehren Sie zum natürlichen Atemrhythmus zurück und genießen das sanfte Ein- und Ausatmen. Jedes Mal, wenn ich an etwas festhalte, was ich nicht beeinflussen kann, führe ich diese kleine Übung durch. Bald kann ich über mein vergebliches Festhalten lächeln. Dann schmerzt das Loslassen nicht mehr so sehr.

Vielleicht ist es gut, zwischen einer Stimmung und ihrem Hintergrund zu unterscheiden. Die aktuelle Stimmung und besondere Vorleiben und Einstellungen tragen meiner Schätzung nach etwa neunzig (!) Prozent zu unseren angenehmen Gefühlen bei. Die äußeren Bedingungen fungieren als gute oder schlechte Aufhänger und tragen in den meisten Fällen nur rund zehn Prozent zu unseren Gefühlen bei. Um das Prinzip zu verstehen, lassen wir für den Moment dramatische äußere Umstände wie Krieg, Gewalt, Hungersnöte und Naturkatastrophen außer Betracht. Wir können einige angenehme Erfahrungen der letzten Tage mit dieser These überprüfen. Was war der Aufhänger? Wie war unsere Stimmung unmittelbar zuvor? Welche Vorlieben haben mitgespielt? Wir stellen schnell fest, dass die Außenwelt nicht alleinige Ursache für angenehme Gefühle sein kann. Schon dadurch fühlen wir uns wohler, weniger abhängig, selbstständiger und sicherer. Dann halten wir nicht mehr so verkrampft fest und können das, was gehen will, leichter loslassen.

So erfahren wir den Geschmack der Freiheit. Wir werden staunen, wie häufig wir angenehme Gefühle erleben, wenn wir entspannt sind. Dann kann uns auch ein dünner, lauwarmer Kaffee die Stimmung nicht wirklich verderben. Loslassen wird noch leichter, wenn wir bemerken, wie sehr wir an Meinungen und Ansichten, Erwartungen und Befürchtungen hängen. Wir brauchen uns nicht den Kopf zu zerbrechen, wie „die Dinge wirklich sind". Es genügt, überzogene Erwartungen und einseitige Ansichten als Gedankenkonstrukte zu erkennen. Dann können wir sie leichter loslassen. Wir müssen materielle Dinge und Menschen nicht aufgeben oder loswerden, damit wir freier atmen können. Merken wir, dass Erwartungen Gedanken sind und nicht „die" Wirklichkeit, entdecken wir den „Raum, in dem alles geschieht". Gedanken,

Menschen, Gefühle, Erfahrungen kommen und gehen, ohne dass wir sie besitzen oder kontrollieren können. Wer das ganz tief begreift, „legt die Bürde ab“ und ist frei. Vom Ein- und Ausatmen lernen wir, Dinge und Umstände, Menschen und Gefühle, Ansichten und Meinungen kommen und gehen lassen. Das gibt uns einen „Geschmack“, eine Ahnung von Freiheit, denn „eine Sekunde Loslassen ist eine Sekunde Freiheit“.

Sylvia Wetzel

DIE GLUT

In einem abgelegenen Bauernhaus in den Jurahöhlen hatten wir uns zu einer Klassenzusammenkunft eingefunden. Und wie es da so geht: Es gibt gar viel zu erzählen, manche Erinnerung ist aufzufrischen. Und so hat denn auch manch ein Satz mit „weißt du noch?“ begonnen, und mit „ja, so ist das wohl gewesen“ aufgehört. Aber auch Neuigkeiten wurden aufs Tapet gebracht. Wo man steht im Beruf, im Familienleben, wie groß die Kinder sind, wie es der Ehefrau ergeht, dem Ehemann, falls man sich nicht auch schon zu jenen Partnerschaften zählt, die zerbrochen sind. Das alles kam zur Sprache, und zu allem Erzählen und Berichten wurde am Cheminée, das mitten in der Stube steht, ein schönes Stück Fleisch gegrillt. Man hat gegessen, hat getrunken, manch einer wohl auch ein Glas zuviel, hat gelacht, sich gefreut, Anteil genommen. Und so ging der Nachmittag, ging der Abend schnell vorüber, und noch ehe man es wahrgenommen hatte, war Mitternacht vorbei. Während sich die einen so nach und nach auf die Suche nach einer Schlafstelle begaben, setzten sich andere zu einem Schlummertrunk nochmals ans Feuer. Das loderte noch für kurze Zeit. Dann aber ging es langsam aus, und nur hie und da hat noch ein Flämmchen aus der Glut gezüngelt. Und so wie das Feuer ausging, so ging auch das Gespräch sachte aus. Es wurde still. Dunkel. Nur noch ein paar Silhouetten waren im Halbkreis zu erkennen. Niemand, der jetzt nochmals ein Gespräch angefangen hätte. Stumm saß man da, den Blick in die Glut gerichtet, sah glühende Skulpturen entstehen und zerfallen.

„So ein Feuer ist wie ein Leben", meldete sich nach einer Weile eine Stimme zurück, ganz leise, so als hätte sie Angst, etwas zu zerstören. „Zuerst flackert es auf, brennt und raucht und knistert und tut wie wild, glaubt es könne alles auffressen rund um sich, es bliebe außer ihm gar nichts zurück. Es denkt in seinem Eifer nicht daran, dass es einmal aus sein wird; und geht dann trotzdem aus."

„Ja, das stimmt", sagt darauf eine andere Stimme, „doch wenn es aus ist, dann ist es noch längst nicht vorbei. Nach dem Feuer bleibt die Glut. Und erst die strahlt eine behagliche Wärme aus. Erst aus der Glut spürst du die Qualität des Feuers, das da einmal gelodert hat."

Jakob Gillmann

IV. Das Wunder erwarten und dem Neuen entgegensehen

21. Tag

Sehnsuchtsstern

Auch ist mir kein Weihnachten, wo es auch war, vergangen ohne dass es hinter meinen geschlossenen Augen für eine Sekunde unbeschreiblich hell wurde.

Rainer Maria Rilke

Der Stern: unsere Sehnsucht nach dem ganz anderen. Nach dem, was jenseits des Alltags ist. Nach dem Besonderen, Strahlenden, Beglückenden, danach, dass alles gut ist und schön. Zu Weihnachten spüren wir viel von dieser Sehnsucht, und es wäre schade, nicht auf sie zu achten, denn sie gibt Kraft und beflügelt.

Den Stern aber nur am Himmel zu suchen, würde zu Gleichgewichtsstörungen führen: Unser Schwerpunkt ist auf der Erde. Unsere Mitte im Alltag, oft nicht gerade strahlend. Aber da erzählt die Weihnachtsgeschichte: dass der helle Stern, der über dem wohl ziemlich unbequem zur Welt gekommenen Kind leuchtete, dicht an die Erde herangekommen ist.

Es kann also passieren, dass wir die Sterne im Alltag finden, nicht nur am Himmel.

Geht aber der helle Morgenstern auf

Wahrlich Herr, ich suche und finde in mir einen gar großen Unterschied. Fühle ich mich verlassen, so gleicht meine Seele einem Kranken, der nichts schmeckt, dem alles zuwider ist; der Leib ist schlaff, der Sinn schwer; in mir herrscht Herzenshärte, außen Traurigkeit. Was ich auch sehe, höre und weiß, verdrießt mich, wie gut es auch sei, denn ich weiß nicht, wie ich mich verhalten soll; leicht falle ich in Fehler, unschlüssig verhalte ich mich Feinden gegenüber, lau und kalt bin ich zu allen guten Dingen. Wer zu mir kommt, findet das Haus leer; der Hausherr ist nicht daheim; er, der guten Rat geben könnte und durch den die Hausgenossenschaft freudig gestimmt wird.

Geht aber der helle Morgenstern auf mitten in meiner Seele, so ist alles Leid verschwunden, alle Finsternis gelichtet, der Himmel wird hell und heiter, und mein Herz lacht; es freuen sich Sinn und Seele in mir; mir ist es so recht festlich zumute, und alles, was an mir und in mir ist, wird zu einem Lobe für dich. Was schwer, mühsam, unmöglich war, wird leicht und angenehm: Fasten, Wachen, Beten, Leiden, Meiden und alles Strenge in der Lebenshaltung wird zu nichts bei deiner Gegenwart. Gar manche Kühnheit kommt mich an, die mir in der Verlassenheit gefehlt hat. Die Seele wird so mit Klarheit, Wahrheit, Freundlichkeit durchtränkt, dass sie alle Mühsal vergisst. Ich kann frommen Herzens ohne Mühe betrachten, die Zunge von Selbstbewusstsein sprechen, der Leib alles behände anpacken, und wer nur sucht, findet für all das, was er begehrt, klugen Rat. Mir ist dann, als wäre ich über Raum und Zeit hinausgewachsen und stünde in dem Vorhof ewiger Seligkeit. Ach, Herr, wer verleiht mir (dieses Zustandes) Dauer? Denn geschwind in einem Augenblick ist es vorbei, und ich stehe da, bloß und verlassen, zuweilen beinahe so, als ob ich jenes Glück nie erlebt hätte, bis es dann nach schwerer Herzensnot sich wieder einstellt.

Heinrich Seuse

Um Mitternacht

Ich sehe oft um Mitternacht
wenn ich mein Werk getan
und niemand mehr im Hause wacht
die Stern am Himmel an.
Sie gehen da, hin und her zerstreut
als Lämmer auf der Flur;
in Rudeln auch, und aufgereiht
wie Perlen auf der Schnur;
und funkeln alle weit und breit
und funkeln rein und schön;
ich seh die große Herrlichkeit
und kann mich nicht satt sehn.
Dann sagte, unterm Himmelszelt,
mein Herz in meiner Brust:
„Es gibt was bessers in der Welt
als all ihr Schmerz und Lust."
Ich werf mich auf mein Lager hin,
und liege lange wach
und suche es in meinem Sinn,
und sehne mich darnach.

Matthias Claudius

22. Tag

Warten

„Das Dumme an Weihnachten", sagte Jeremy James, „ist die Zeit dazwischen." – „Wozwischen?" fragte Mama – sie behängte gerade den Weihnachtsbaum mit Lametta. – „Zwischen irgendwann und Weihnachten", sagte Jeremy James. „Zum Beispiel zwischen heute und Weihnachten. Wenn nichts dazwischen wäre, hätten wir jetzt Weihnachten, und ich brauchte nicht auf meine Geschenke zu warten."

David Henry Wilson

Kinder warten auf Weihnachten. Und wie. Sie können's kaum aushalten und werden, je nach Alter und Temperament, überdreht, albern, bockig oder übervernünftig, lachen und weinen ständig, reden pausenlos und hören gar nichts mehr, versuchen zu helfen und rühren ihre Eltern damit zu Tränen oder machen nur noch Quatsch, beißen in Christbaumkugeln und kippen bei Tisch noch mehr Gläser um als sonst.

Erwachsene warten nicht auf Weihnachten. Wenn sie etwas dringend haben wollen oder zu brauchen meinen, dann besorgen sie es sich schnell. Und im Übrigen sind sie froh, wenn zwischen dem vierten Advent und Heiligabend noch ein paar Tage bleiben, denn sie müssen noch letzte Geschenke besorgen, Weihnachtskarten schreiben, für die Feiertage einkaufen, die Wohnung putzen, Bluse und Hemd bügeln, Weihnachtsgrüße an Geschäftspartner verschicken, einen Weihnachtsbaum besorgen und sicherheitshalber noch mal für die Feiertage einkaufen. Schade eigentlich.

Eine Ankunft ist viel schöner, wenn man darauf gewartet hat. Eigentlich ist sie nur dann eine Ankunft und kein Hereinplatzen.

Warten

Das deutsche Wort „warten“ meint eigentlich, auf der „Warte“ wohnen. „Warte“ ist der Ort der Ausschau, der Wachturm. Warten meint also: Ausschau halten, ob jemand kommt, umherschauen, was alles auf uns zukommt. Warten kann aber auch heißen: auf etwas Acht haben, etwas pflegen, so wie der „Wärter“ auf einen Menschen aufpasst und auf ihn Acht gibt. Warten bewirkt beides in uns: die Weite des Blickes und die Achtsamkeit auf den Augenblick, auf das, was wir gerade erleben, auf die Menschen, mit denen wir gerade sprechen. Warten macht das Herz weit. Wenn ich warte, spüre ich, dass ich mir selbst nicht genug bin. Jeder von uns kennt das, wenn er auf einen Freund oder eine Freundin wartet. Er blickt jede Minute auf die Uhr, ob es noch nicht Zeit für ihr Kommen ist. Er ist gespannt auf den Augenblick, da der Freund oder die Freundin aus dem Zug aussteigt oder an der Haustüre klingelt. Und wie enttäuscht sind wir, wenn statt des Freundes jemand anders an der Haustüre steht. Warten erzeugt in uns eine prickelnde Spannung. Wir spüren, dass wir uns selbst nicht genug sind. Im Warten strecken wir uns aus nach dem, der unser Herz berührt, der es höher schlagen lässt, der unsere Sehnsucht erfüllt.

Heute können viele nicht mehr warten. Sie erleben die Adventszeit nicht als Zeit des Wartens, sondern schon als vorweggenommenes Weihnachten. Manche feiern ständig Weihnachten, anstatt Ausschau zu halten und das Herz im Warten auszustrecken nach dem Geheimnis von Weihnachten. Kinder können nicht warten, bis die Mutter das Tischgebet gesprochen hat. Sie müssen sofort essen, wenn etwas auf dem Tisch steht. Sie warten nicht, bis die Schokolade in den Einkaufskorb verstaut ist. Sie müssen sie schon essen, bevor sie noch an der Kasse des Supermarktes bezahlt ist. Die Leute vor der Kasse oder vor dem Fahrkartenschalter können nicht warten. Sie drängeln sich vor. Dabei geht es um etwas Wichtiges: Wer nicht warten kann, der wird nie ein starkes Ich entwickeln. Er wird jedes Bedürfnis sofort befriedigen müssen. Aber dann wird er völlig abhängig von jedem Bedürfnis. Warten macht uns innerlich frei. Wenn wir warten können, bis unser Bedürfnis erfüllt wird, dann halten wir auch die Spannung aus, die das Warten in uns erzeugt. Das macht unser Herz weit. Und es schenkt uns überdies das Gefühl, dass unser Leben nicht banal ist. Wir sehen dies, wenn wir auf etwas Geheimnisvolles warten, dann warten wir auf die Erfüllung unserer tiefsten Sehnsucht. Dann erkennen wir: Wir sind mehr als das, was wir uns selbst geben können. Warten zeigt uns, dass das Eigentliche uns geschenkt werden muss.

Vielleicht kannst du dich daran erinnern, wie es war, als du auf etwas gewartet hast. Du hast Freunde zu einem Fest eingeladen. Wenn jemand zu früh kommt, dann stört das die Spannung deines Wartens. Es geht dir etwas verloren. Das Prickelnde des Wartens, die Vorfreude auf das gemeinsame Fest, das Sich-Bereiten für das Fest, fällt aus. Die Achtsamkeit, die zum Warten gehört, wird übersprungen. Du kannst nicht auf dein Herz Acht geben, mit all den Erwartungen und Sehnsüchten, die da aufsteigen. Aber wenn noch keiner zum ausgemachten Zeitpunkt da ist, bist du auch enttäuscht. Dann wird der Bogen des Wartens überspannt. Dann kommen Gedanken hoch wie: „Die mögen mich nicht. Für die bin ich nichts wert. Mit mir können sie so etwas machen. Anderes ist für sie wichtiger als ich.“ Was macht das Spannende des Wartens aus? Wie fühlst du dich, wenn du auf das Kommen eines lieben Menschen wartest? Es tritt etwas Neues in dein Leben. Du wirst beschenkt. Du freust dich auf den Menschen. Du fühlst dich lebendig. Starke Gefühle steigen in dir hoch. Du erwartest nicht nur selbst. Du wirst auch erwartet. Wie fühlst du dich, wenn andere auf dich warten, wenn Gott auf dich wartet? Andere haben Erwartungen an dich. Die Erwartungen können dich einengen. Aber wenn keiner mehr etwas von dir erwartet, fühlst du dich überflüssig. Die Adventszeit will dich einladen, im Warten dein Herz zu weiten und dich als Erwarteten aufzurichten. Du bist wertvoll. Viele warten auf dich. Gott wartet auf dich, damit du wahrhaft lebst.

Vielleicht spürst du in jedem Warten etwas von deinem kindlichen Warten auf Weihnachten. Ich kann mich noch gut daran erinnern, wie wir als Kinder am Heiligabend gewartet haben auf das Christkind, auf die Bescherung. Es war eine eigenartige Spannung. Wir gingen mit dem Vater durch die Dunkelheit spazieren, sahen in den Häusern überall Lichter brennen. Und dann mussten wir oben in den Schlafzimmern warten, bis die Weihnachtsglocke läutete. Es war ein geheimnisvolles Erleben, in das nur mit Kerzen beleuchtete Wohnzimmer zu gehen. Kindliche Situationen prägen sich tief in die Seele ein. Wir fühlen uns auch später immer dann daheim, wenn diese Gefühle von früher wieder angesprochen werden. Vermutlich ist bei jedem Warten eine Spur des weihnachtlichen Wartens dabei, die Ahnung, dass unser Leben durch das Kommen eines Menschen oder eines Ereignisses heller und heller wird.

Anselm Grün

Warten ist ein Teil des Glücks

In Wirklichkeit warten wir alle – auf das Glück nämlich. Und ohne dieses Warten könnten wir's in dieser Welt nicht aushalten. Da sich das Glück aber – glücklicherweise – nicht kalkulierend herbeiholen lässt, müssen wir uns öffnen für die Zeit und ihre unterschiedlichen Qualitäten, für das Anderswo und Irgendwie. Es sind die Wartesäle unseres Lebens, in denen wir die Zeit erleben und erfahren können, wo wir uns selbst begegnen – und anderen Menschen ebenso. Der Wartende lädt die Zeit ein (Benjamin). Dann heißt warten nicht mehr nur warten auf etwas, sondern es ist schon ein Teil jener Erfahrung des Glücks, auf das wir alle warten.

Wer warten kann, hat viel getan. Wir kommen mit noch so viel Anstrengung und Hektik nicht ans Ziel – aber wenn wir warten, kommt das Ziel vielleicht zu uns.

Karlheinz A. Geißler

23. Tag

Neues wagen

Man muss jeden Augenblick seines Lebens bereit dazu sein, sein ganzes Leben zu ändern und es an einem anderen Ort völlig neu zu beginnen.

Etty Hillesum

Es muss nicht so bleiben, wie es immer war. Auch nicht an Weihnachten. Gerade nicht an Weihnachten. Die Sehnsucht, dass es so sein soll wie früher, als alles gut war, ist verständlich. Aber wir können feststellen: Es wird anders, und trotzdem kann es gut sein. Traditionen können schön sein, sie können Halt geben und Geborgenheit vermitteln. Aber wenn sie nicht mehr stimmen, wenn ich mich darin eng fühle wie in einem zu klein gewordenen Hemd, dann kann es auch anders werden. Weihnachten muss nicht immer so gefeiert werden „wie bei uns früher". Spätestens wenn zwei aus verschiedenen Familien zueinander kommen, wird das sowieso nicht gehen. Das rechte Maß finden an Vertrautem, das mir Halt gibt, und Neuem, Ungeplantem oder anderem: Das macht ein Fest lebendig. Unterwegs sein heißt, ständig etwas hinter sich zu lassen. Neues zu entdecken. Nur wer unterwegs ist, kommt weiter.

WER WARTET, IST LEBENDIG

Wichtig ist nicht, was einer ist, sondern was einer erwartet. Nicht wie das Leben sich vorfindet, ist entscheidend, sondern welche Möglichkeiten ihm offen stehen. Einen Menschen kennen heißt darum nicht: seine Vergangenheit überschauen, sein Wesen erklären, seine Lage beschreiben, als vielmehr sein Verhältnis zur Zukunft ansehen.

Das Entscheidende steht noch aus, oder: der Mensch ist das Wesen, das warten kann. Dass dies nicht von selbst kommt, sondern gelernt sein will, ist jedem klar, der kleine Kinder beobachtet, die solche Mühe damit haben, zu begreifen, dass „gleich", „später" oder „morgen" nicht heißt: niemals. Wenn ein Kind das Warten lernt, dann bekommt es einen längeren Atem, es kann sich mehr und länger freuen. Es hat Zukunft. Alle Lebenden warten, das bedeutet nicht einfach ein Fortdauern in der Zeit, das über die Gegenwart hinausreicht. Ein Mensch kommt nicht so vom Heute ins Morgen wie ein Stein! Sich zur Zukunft verhaltend sorgt er, fürchtet er sich oder er hofft.

Aber es gibt doch auch Leute, die, wie Bert Brecht es in einem Gedicht formuliert hat, sagen: „So wie es ist, bleibt es. Was wir wollen, geht niemals." Warten ist in dieser Auffassung eine Dummheit, Hoffnung eine Illusion, die in der Sonne der Wirklichkeit dahinschmilzt. Aber kann ein Mensch auf die Dauer ohne Erwartung leben? „So wie es ist, bleibt es", niemand bleibt konsequent dabei, dies zu sagen. „Denn bei allen Lebendigen", so der Prediger Salomo, „bei allen Lebendigen ist, das man wünscht, Hoffnung. Denn ein lebendiger Hund ist besser als ein toter Löwe." Hier wird Leben mit Hoffenkönnen gleichgesetzt; wer nicht mehr wartet, ist tot. „So wie es ist, bleibt es" – wenn etwas die Bezeichnung „atheistisch" verdient, so alle, die derlei Redensarten im Munde führen. Freilich ist das kein endgültiges Urteil, weil Gott auch die nicht loslässt, die ihn abschreiben, indem sie die Zukunft leugnen. Bert Brecht legt diese Worte übrigens der Gewalt in den Mund, weil sie ein Interesse an solcher Behauptung hat, aber ihre besten Verbündeten, der Konformismus und die Resignation werden ebenso wenig müde, die Unveränderlichkeit der Welt zu betonen. Brecht antwortet den Resignierten, die die Zukunft an die Vergangenheit verraten:

„Wer noch lebt, sage nicht: niemals!
Das Sichere ist nicht sicher.
So, wie es ist, bleibt es nicht.“

Dorothee Sölle

In Zeiten des Neuanfangs
in denen die Sehnsucht nach Verwandlung wächst
und die Angst vor der Ungewissheit
mich täglich einholt
gehe ich auf die Suche
nach einem Symbol
das mich offen-sichtlich erinnert
an die bleibende Kraft Gottes in allem

In Zeiten des Neuanfangs
in denen in meinen Träumen
alte lebensbehindernde Muster
des Zweifelns und des Zögerns mich einholen
vertraue ich auf dich Lebensatem
der erlöst von Allmachtsphantasien
und zu neuen Vertrauensschritten bewegt

In Zeiten des Neuanfangs
in denen ich mich überfordert fühle
durch die vielen neuen Eindrücke
schaffe ich mir am Arbeitsplatz
eine Nische mit einem Vertrauenszeichen
das mich erinnert
wie der rote Hoffnungsfaden
sich auch durch mein Leben zieht

Einatmend
verweile ich mit einem Symbol
um Hineinwachsen zu können
in dieses Eingebundensein
in eine jahrhundertelange Weggefährtenschaft
in der Aufbruch und Beheimatung erfahrbar ist

Ausatmend
löse ich mich vom alten Ort
von Beziehungen
vertrauend auf die bleibende Verbundenheit
sogar über den Tod hinaus
die täglich genährt wird
im Pflegen eines achtsamen Lebensstils

Pierre Stutz

24. Tag

Ein Tag wie kein anderer

Zur Geburt eines Kindes
ist die Welt nie fertig.
Wyslawa Szymborska

Besonders ist dieser Tag, aber nicht perfekt. Gespannt dürfen wir sein, aber wir müssen nicht angespannt sein. Wir können die Erwartungen niedrig halten, offen sein für Überraschungen, und mit dem Kind, das an Weihnachten geboren ist, das kleine Kind in uns selbst mit Wärme empfangen. Am Anfang von Weihnachten ist die Nacht – und die Nacht ist der Anfang. Soviel Anfang wie bei einer Geburt ist nie wieder. So viel Zukunft. So viel Wunder. So viel Hoffnung auch und Unvorhersehbares. Wer und was wird da ans Licht kommen? Auch an Weihnachten können wir den Anfang feiern, und einen neuen Anfang feiern. Ein wunderbares, nicht perfektes Lichterfest in der Nacht. Von seiner Ausstrahlung wird etwas bleiben im Alltag – denn nach dem Ende des Festes geht das Leben weiter.

Weihnachten ist ein Geburtstag

An einem Geburtstag – und Weihnachten ist ja nichts weiter als dies – erinnern wir uns an unseren eigenen Anfang. Wir versuchen, ihn besser und deutlicher zu sehen. Vielleicht verstehen wir dabei unseren bisherigen Weg besser, vielleicht auch kommen wir dabei einigen Irrtümern unseres Lebens auf die Spur. Und wenn uns ein Glück widerfährt, dann finden wir den Mut, in unseren späteren Jahren einen neuen Anfang zu riskieren. Wer sich etwas Gutes tun möchte, der hilft dem Kind in ihm selbst, dass es leben und träumen darf. Er wird mit ihm zusammen träumen und spielen und darüber zu Zeiten die ganze Welt vergessen. Er wird danach dieser Welt besser gewachsen sein.

Rudolf Otto Wiemer hat einmal den Traum eines solchen Kindes beschrieben:

„Ich will groß sein.
Ich will mir ein Haus bauen aus Luft
und einen Garten machen aus Löwenzahn.
Lieder sollen darin wachsen,
die ich jeden Tag esse.
Ich will reich sein wie ein Kuckuck,
dem der ganze Wald gehört.
Und ich will viele Kinder haben,
die schicke ich in die Schule,
damit sie den Krieg verlernen
und wissen,
wie man ein Gewehr aus Lachen macht
und eine Kugel aus Wind
und einen Vater, der nie fortgeht."

Ein Kind ist *uns* geboren, erzählt die Weihnachtsgeschichte. Ein Kind, das in unserem Leben erwachsen werden will, damit wir glücklicher seien und unser Leben sinnvoller finden könnten. Je älter wir werden, desto wichtiger wird das Kind in uns. Es soll in uns leben, damit wir unser Leben nicht in der Hölle führen. Wir haben ja alle den holden Anfänger, der wir einmal waren, noch in uns, verängstigt vielleicht, stumm geworden. Den sollten wir im Arm halten, dem sollten wir in die Augen schauen, und sein Schlaf, sein Lächeln und seine Tränen sollten uns wichtig sein.

Jörg Zink

Maria

Die Nacht ihrer ersten Geburt war
Kalt gewesen. In späteren Jahren aber
Vergaß sie gänzlich
Den Frost in den Kummerbalken und rauchenden Ofen
Und das Würgen der Nachgeburt gegen Morgen zu.
Aber vor allem vergaß sie die bittere Scham
Nicht allein zu sein
Die den Armen eigen ist.
Hauptsächlich deshalb
Ward es in späteren Jahren zum Fest, bei dem
Alles dabei war.
Das rohe Geschwätz der Hirten verstummte.
Später wurden aus ihnen die Könige der Geschichte.
Der Wind, der sehr kalt war
Wurde zum Engelsgesang.
Ja, von dem Loch im Dach, das den Frost einließ,
blieb nur
Der Stern, der hineinsah.
Alles dies
Kam vom Gesicht ihres Sohnes, der leicht war
Gesang liebte
Arme zu sich lud
Und die Gewohnheit hatte, unter Königen zu leben
Und einen Stern über sich zu sehen zur Nachtzeit.

Bertolt Brecht

25. Tag

Stille Nacht. Schöne Bescherung

Es gibt so wunderweiße Nächte,
drin alle Dinge Silber sind.

Rainer Maria Rilke

Heilig Abend ist vorbei. Still oder weniger still, schön oder anstrengend, voll oder leer. Noch liegt der Zauber über den Zimmern. Oder die Ernüchterung wird spürbar. Ein schöner Abend klingt noch lange nach. Und auch wenn's nicht so schön war: Weihnachten ist noch nicht vorüber. Jeder Tag kann überraschen. Und gerade in schwierigen Situationen hilft – unter anderem – Humor: „Es ist mein drittes Weihnachten im Kittchen, aber nehmen Sie es ja nicht tragisch. … Da liege ich still allein, gewickelt in diese vielfachen schwarzen Tücher der Finsternis, Langeweile, Unfreiheit des Winters – und dabei klopft mein Herz von einer unbegreiflichen, unbekannten inneren Freude, wie wenn ich im strahlenden Sonnenschein über eine blühende Wiese gehen würde." Schreibt Rosa Luxemburg.

Die Bescherung

„Dass mir keiner ins Schlafzimmer kommt", alle Jahre wieder ertönt dieser obligatorische Imperativ, wenn es darum geht, am Heiligen Abend Pakete und Päckchen in geschmackvolles Weihnachtspapier zu schlagen, wenn es darum geht, den Rest der Familie in Schach zu halten, damit auch keiner einen voreiligen Blick auf die Geschenke werfen kann.

Ich dagegen habe es etwas einfacher:

Ich schmücke den Baum! Punkt 17 Uhr begebe ich mich auf die Terrasse und hole den schönen Baum herein. Es ist wirklich ein schöner Baum, sagt die Frieda. Doch doch, sage ich, der Baum ist schön. Dann kommt die kleine Frieda und sagt auch noch, dass der Baum schön ist. Nachdem wir alle noch ein paar Mal um den schönen Baum herumgegangen sind, sagt die Frieda: Mein Gott, es ist ja schon halb sechs!

Und damit beginnt offiziell in allen Familien, die sich bei diesem Fest noch bürgerlicher Geheimnistuerei bedienen, der nervöse Teil der Bescherung.

Deshalb stecke ich mir vorbeugend zunächst mal eine Zigarre an, einmal im Jahr und überlege in aller Ruhe, welche formalen Prinzipien ich diesmal zur Ausschmückung meines schönen Baumes anwende. Habe ich dann den Baum nach einigen Schnitzereien endlich mit dem Sägemesser glücklich in den Christbaumständer gezwängt, weiß ich auch schon, wie ich's mache:

Diesmal werde ich endlich dem Prinzip huldigen: Je schlichter, desto vornehmer. Zwei bis drei Kugeln, vier bis fünf Kerzen, hier und da einen Silberfaden, aus! Schluss. Ende. Schließlich ist das ja ein Baum und keine Hollywoodschaukel. Das soll natürlich nicht heißen, dass wir nicht genügend Kugeln und Kerzen, Lametta und Engelhaar, Glöckchen und Trompeten hätten. Im Gegenteil. Ich könnte damit drei Bäume, pardon, drei schöne Bäume schmücken. Und schon erhebt sich die Frage: Nur bunte Kugeln oder nur silberne Kugeln? Nur weiße Kerzen oder nur rote Kerzen? Engelhaar oder kein Engelhaar? Ja, was sollen meine intellektuellen Freunde denken, wenn die zu Besuch kommen und sehen dann meinen Misch-Masch aus Sentimentalität und Kunstgewerbe. Schockschwerenot!

In diese meine präzisen ästhetischen Überlegungen hinein platzt die Frieda mit dem Ruf: Wie weit bist du? Um sechs Uhr ist Bescherung! Das schaffe ich nicht, rufe ich zurück, ich kann ja den Baum nicht übers Knie brechen. Wir haben zu Hause, sagt die Frieda, immer um sechs Uhr die Bescherung gehabt. Wir haben die Bescherung, sage ich, immer um halb acht gehabt. Wir haben sie um sechs gehabt, sagt die Frieda. Um sechs Uhr schon Bescherung, sage ich, warum dann nicht gleich schon um vier Uhr oder schon im Oktober, wir haben die Bescherung immer um halb acht gehabt, manche Leute haben ja die Bescherung erst am anderen Morgen. Und wann sollen wir essen, fragt die Frieda: Nach der Bescherung, sage ich. Also um neun Uhr, sagt die Frieda, bis dahin bin ich ja verhungert, wer hat übrigens das Marzipan, das hier auf der Truhe lag, gegessen? Ich nicht, ruft die kleine Frieda aus der Küche. Also, sagt die Frieda, also wenn du den Baum nicht in einer Viertelstunde fertig hast, dann könnt ihr euch eure ganze Bescherung sonst wo hinstecken.

Vielleicht fängt schon mal einer an zu singen, sage ich, desto leichter geht mir der Baum von der Hand. Und alle ästhetischen Überlegungen nun über den Haufen werfend, überschütte ich den schönen Baum mit allem, was wir haben, so dass man schließlich vor lauter Glanz und Gloria keinen Baum mehr sieht und die Frieda kommt wieder rein und sagt, nun hast du's ja doch wieder so gemacht, wie im vorigen Jahr, das nächste Mal schmücke ich den Baum.

Ja, sage ich, wenn ihr mir keine Zeit lasst, kann natürlich kein Kunstwerk entstehen. Nun steh hier mal nicht im Weg, sagt die Frieda, und halte dumme Reden, geh jetzt hier mal raus, ich muss jetzt hier die Geschenke packen und aufbauen. Ja, wo soll ich denn hingehen, frage ich, darf ich vielleicht ins Wohnzimmer? Nein, ruft da meine Schwägerin, die inzwischen eingetrudelt ist, dass mir keiner ins Wohnzimmer kommt, ich bin noch nicht fertig. In die Küche darf ich auch nicht, da bastelt nämlich die kleine Frieda noch an diesen entzückenden Kringelschleifen für jedes Päckchen herum. Die Frieda kommt aus dem Christbaumzimmer und ruft: Augen zu!!! Ich halte mir die Augen zu und sage: Ins Bad nur über meine Leiche, da hab ich nämlich meine Geschenke versteckt. Und so geht das die ganze nächste halbe Stunde: Dreh dich mal um, guck nur nicht unter den Teppich, wer hat den Schlüssel vom Kleiderschrank, ich brauche noch geschmackvolleres Weihnachtspapier, der Klebestreifen ist alle, willst du wohl von der Tür da weggehen, such lieber mal die Streichhölzer, meine Mutter hat das alles alleine gemacht, das ist gemein, du hast geguckt, die paar Minuten kannste wohl noch warten! Bis es dann endlich soweit ist, aber auch dann kommt keine Ordnung zustande, dann heißt es: Wer packt zuerst aus? Du! Nein, ich doch nicht, zuerst das Kind und dann du. Nein, du dann. Wieso ich? Also, dann du und dann ich. Ich zuletzt, bitte.

Nun werden Sie vielleicht mit Recht fragen, sagen Sie mal, wird denn bei Ihnen gar nicht gesungen, wird bei Ihnen nur eingepackt und ausgepackt. Doch, doch, natürlich, wir singen auch, erste Strophe und so, aber dann fällt's meistens auseinander, aber wissen Sie, beim Einpacken und Auspacken, da sind wir alle so nervös und verlegen, dabei merkt man die Liebe und den Frieden und den Menschen ein Wohlgefallen viel viel stärker als beim Singen.

Und auch der Baum, der kann dann sein, wie er will, groß oder klein, dürr oder dicht, bunt oder schlicht, alle sagen dann jedes Mal: Also der Baum …, also der Baum …, der Baum ist wunderschön.

Hanns Dieter Hüsch

Weihnachtslied

O du mein Mopper, wo willt du hinaus,
Ich kann dir nicht erzählen
Meine güldene Klaus:
Lass klinken, lass klanken,
Lass all herunter schwanken;
Ich weiß nicht, soll ich hüten
Ochs oder Schaf,
oder soll ich essen
Einen Käs und ein Brod.

Bei Ochsen und bei Schafen
Kann man nicht schlafen,
Da tut es sich eröffnen
Das himmlische Tor,
Da kugeln die Engel
Ganz haufenweis hervor.

26. Tag

Tage der Ruhe

Weihnachten ging so still vorüber. Wir saßen endlich ganz allein beim Wein und sprachen ganz wenig. Es war zwölf Uhr , als wir uns erhoben, um ins Bett zu gehen. Am andern Morgen sahen wir alle ziemlich müde aus. Der Weihnachtsbaum ebenfalls.

Robert Walser

Spät aufstehen. Mit Tannenduft in der Nase frühstücken – wer will, auch Speck und Eier. Das neue Buch genauer angucken. Spazierengehen. Besonders schön, wenn's in Strömen regnet! Durchatmen. Mit den Kindern Fischer-Technik aufbauen. Mal schauen, ob die Plätzchen immer noch schmecken. Vielleicht gar nichts zu Mittag essen. Oder wenn schon, dann mit all den anderen, die zu Besuch gekommen sind. Am Nachmittag erst mal kein Licht anmachen, nur den Weihnachtsbaum. Sehen wie es dunkel wird. Vorlesen. Oder einen alten Lieblingsfilm anschauen. Warme Socken anziehen. Spielen. Die anderen spielen lassen und den Krimi lesen. Bei alledem: langsam machen. Bevor etwas Neues beginnt oder wenn eine Wendung oder die Lösung eines Problems ansteht, verzögert sich die Bewegung. Wie beim Reden während des Gehens: Wenn das Entscheidende gesagt wird, bleiben wir stehen. Und danach erst geht's weiter.

Die Christbaumwette

Ein alter Brauch führt uns Jahr für Jahr zur Weihnachtszeit auf einen Besuch zu einem befreundeten Paar. Wir sitzen am Tisch, essen, trinken ein gutes Gläschen Wein. Wir sprechen so über dies und das, erzählen, diskutieren, lachen und lächeln, schmunzeln, wenn es etwas zu Schmunzeln gibt. Und dann, nach einer Weile, erhebt sich die Gastgeberin von ihrem Stuhl, begibt sich zum Christbaum hin, dessen Spitze Mal für Mal bis hinauf zur Zimmerdecke ragt, zündet die Kerzen an. Und im Schein der Lichter, in dem jetzt die ganze Stube schwimmt, tauchen sachte neue Geschichten auf. Man hört hin. Man spricht. Erzählt. Man schweigt. Und bald schon wird es Zeit für die traditionelle Christbaumwette: Welche Kerze hält am längsten durch? Welche brennt zuletzt noch ganz allein?

Die Zeit verstreicht. Schon fängt das erste Licht zu flackern an, wehrt sich noch einen Augenblick, erlöscht. Gespannt schaut man dem stummen Schauspiel zu und hofft, man habe sich in seiner Wahl nicht allzu arg verschätzt. Eins nach dem anderen geht aus. Und auch das Gespräch geht aus. Es wird still. Ganz still. Schatten zeichnen mit jedem Erlöschen neue Bilder an die Wände. Man ist fasziniert von diesem Spiel, das das Licht mit dem Schatten, der Schatten mit dem Licht vollführt. Nein, nichts Weltbewegendes. Und doch: es berührt. Irgendwie. Macht leise. Als wäre da kein Mensch im Raum. Und jetzt brennt nur noch eins. Die Wette ist entschieden. Aber niemand triumphiert. Kein Laut. Kein Wort. Und erst nachdem es schon eine ganze Weile finster in der Stube ist, steht der Gastgeber sachte auf. „Des hätt i jetzt nit denkt, dass es das da hinden am längschte macht.“

Jakob Gillmann

Zeit, und Ewigkeit

Du selber machst die Zeit: Das Uhrwerk sind die Sinnen,
Hemmst du die Unruh nur, so ist die Zeit von hinnen.

Viel eher wird dir Gott, wenn du ganz müßig sitzt,
als wenn du nach ihm laufst, dass Leib und Seele schwitzt.

Die Ewigkeit weiß nichts von Jahren, Tagen, Stunden:
Ach, dass ich doch noch nicht den Mittelpunkt gefunden!

Ein Mensch, der sich – in sich – in Gott versammeln kann,
Der hebt schon in der Zeit den ew'gen Sabbat an.

Was ist die Ewigkeit? Sie ist nicht dies, nicht das,
Nicht Nun, nicht Itzts, nicht Nichts,
Sie ist, ich weiß nicht was.

Angelus Silesius

Danach ist dazwischen: Der Auftakt zum Neuanfang

„Das Dumme an Weihnachten", sagte
Jeremy James, „ist die Zeit danach".

David Henry Wilson

Wie die Heilige Familie auf Wanderschaft ging

Unlängst besuchte ich einen Freund aus der Schulzeit. Wir hatten uns seit ein paar Jahren nicht gesehen. Es war Ende November. Der erste Schnee war gefallen. Der Himmel hing tief.

Die Tür meines Freundes ist nie verschlossen. Ich kam unbemerkt ins Haus.

Er kniete am Boden, umgeben von Packpapier und Schnur, sah mich, richtete sich auf, freute sich. Seine Frau kam herein. Wir umarmten uns.

Sie gehören zu den Freunden, von denen jeder Abschied schmerzlich und mit denen jedes Wiedersehen ein kleines Fest ist.

Viel Aufhebens machen wir nicht.

„Was hast du da?“ fragte ich, „kann ich's sehen?“

„Aber natürlich.“

Er wickelte das, was eben noch verschnürt und verpackt war, wieder aus und stellte es auf einen Sessel.

Ein Weihnachtsbild. Genaugenommen drei Bilder in einem, was durch die gemalten Balken, die das Bild in drei Flächen aufteilen, deutlich erkennbar wird.

Zuoberst der himmlische Bereich. Vier Engel in farbschönen Gewändern schweben mit ausgebreiteten Flügeln im Stall. Auch die Arme haben sie ausgebreitet, was mehr Verwunderung als Bewunderung ausdrückt, als wollten sie sagen: „Schaut euch *das* an!“

In der Mitte liegt das Kind unter dem goldenen Licht des Sterns. Maria und Josef sehen sehr froh aus. Ochs und Esel stehen dabei, wie es sich gehört, und die Hirten.

In der unteren Ebene sieht man die Heiligen Drei Könige. Einer reitet hoch zu Ross, einer auf einem Kamel, der dritte König ist bereits abgestiegen.

Unter dem mittleren Holzbalken las ich den Namen der Malerin: Doris Pacher.

„Na?“ fragte mein Freund. Ich nickte ihm zu. „Wie lange hast du es schon?“

Denn ich hatte dieses Bild noch nie bei ihm gesehen.

„Seit ein paar Jahren“, sagte er, „dies Jahr geht’s wieder von vorn los.“

„Was?“

„Die Reise –“, er sah auf, „ach, du weißt ja nichts davon. Das ist nämlich ein besonderes Bild, nicht nur, weil es so schön ist. Es ist ein Wanderbild.“

Ich verstand kein Wort.

„Setz dich“, sagte er. Seine Frau brachte uns einen Kaffee. Und mein Freund erzählte:

„Wir haben dieses Bild gekauft, wie man eben ein Bild kauft. Weil es uns so gut gefiel in seiner Einfachheit, seinen klar gegliederten Konturen, den schönen Farben. Wenn man’s länger anschaut, wird man fast wieder ein Kind. Ein Kind, das sich auf Weihnachten freut. Ja, das Bild hing schon ein Jahr bei uns, da hatte meine Frau eine tolle Idee. Nämlich, dass es ein Wanderbild werden wollte. Du weißt doch, wir haben drei Kinder, alle schon erwachsen, alle verheiratet, selbst schon wieder Eltern vieler Kinder. Ja, und nachdem wir uns ein Jahr an dem Bild gefreut hatten, packten wir es ein und fuhren am Vorabend des ersten Advent zu Martin, unserem Ältesten. Der staunte nicht schlecht und freute sich sehr. Auch dann noch, als er von der ‚Auflage‘ hörte, die mit dieser Leihgabe verbunden war. Nach Ablauf eines Jahres musste er das Bild am Vorabend des ersten Advent zu seinem Bruder Johannes bringen. Es durfte auch ein paar Tage früher sein. Die Hauptsache war, das Bild hing am ersten Adventssonntag an seinem neuen Platz.

Und nach einem Jahr fuhr dann Johannes zu seiner Schwester Barbara und brachte ihr das Bild. Und sie brachte es nach einem Jahr wieder zu uns. Damit war die Wanderschaft der Heiligen Familie beendet, aber nur, um wieder von vorn zu beginnen. Morgen gehen wir wieder auf die Reise und freuen uns schon."

Ich sah die Hausfrau an.

„Eine gute Idee. Steckt da nicht noch mehr dahinter als Reiselust und Wiedersehensfreude?"

Sie lachte. „Stimmt. Sie kennen mich gut. Schau'n Sie, die Kinder sehen sich selten. Sie sagen oft, das muss jetzt anders werden, aber es wird nicht anders, weil keiner sich Zeit nimmt, weil sie zu weit auseinander wohnen. Nun hat sich etwas geändert. Einmal im Jahr haben sie nun plötzlich Zeit. Bis jetzt hat es jedem Freude gemacht, mit dem Bild auf die Reise zu gehen. Eins ist mir aufgefallen: ein Bild, das man nicht immer hat, von dem man sich nach einem Jahr wieder trennen muss, sieht man ganz anders an als eines, das immer an der Wand hängt. Wenn man sich dann von ihm trennen muss, kann der Kummer nicht groß sein, denn es bleibt in der Familie und man kriegt es ja nach ein paar Jahren für eine Weile wieder. Außerdem", fuhr sie fort, „hab ich auch ein bissel spekuliert. Eines Tages, wenn wir nicht mehr hier sein werden –"

Mein Freund räusperte sich, lachte und sagte: „So ungefähr in Ewig-und-drei-Tagen …"

„Ja", sagte sie vergnügt, „dann wird die Heilige Familie im Advent immer noch auf Wanderschaft gehen, und wenn's den Kindern unserer Kinder gefällt, dann wird's vielleicht so weitergehen, so dass ein Brauch daraus wird. Bräuche soll man nicht nur übernehmen. Man soll auch neue erfinden."

Sie goss uns frischen Kaffee ein, und wir saßen einfach da, sahen auf das Bild und hatten eine gute Stunde.

Catarina Carsten

Quellenverzeichnis

1. Tag

Bernhard v. Clairvaux, Ständige Überbeschäftigung führt allmählich zu einem harten Herzen, aus: Gotteserfahrung und Weg in die Welt. Übers.v. Bernardin Schellenberger, Olten/Freiburg 1982, © Patmos Verlag Düsseldorf

Guiseppe Ungaretti, Weihnachten, aus: ders., Gedichte. Übersetzung von Ingeborg Bachmann, © Suhrkamp Verlag Frankfurt 1962

2. Tag

Jörg Zink, Den Rhythmus entdecken, aus: ders., Wie wir beten können, © Kreuz Verlag Stuttgart 1970

Rose Ausländer, Der Tag, aus: dies., Wieder ein Tag aus Glut und Wind. Gedichte 1980–1982 (GA Band 6) © S. Fischer Verlag GmbH Frankfurt/Main 1986

3. Tag

Rainer Maria Rilke, Brief an Ellen Key, Auszug, aus: Weihnachtsbriefe deutscher Dichter, ges. und hg. von Ulla Köster, Engelhorn Vlg Stuttgart © RMR, Briefe. Hg v. Rilke-Archiv in Weimar. In Verbindung mit Ruth Sieber-Rilke bes. v. Karl Altheim. Frankfurt/Main o. J.

Gerhard Schöne, Klabüster, Klabuster, aus: ders., Der Klang der Stille, Thomas Vlg Leipzig 1994 © beim Autor

4. Tag

Charles Péguy, Schlaf, aus: Grenzen überschreiten. Ein Begleitbuch zur Weihnachtszeit und zur Jahreswende von Jürgen Schwarz, Verlag am Eschbach der Schwabenverlag AG, 1982

David Herbert Lawrence, Pax, aus: David Steindl-Rast, Fülle und Nichts, Herder Freiburg i. Br. 1999

5. Tag

Rainer Maria Rilke, Nacht, stille Nacht. Auszug aus: Gebet. In: ders., Sämtl. Werke Bd I, Insel Vlg, Frankfurt/Main 1955

Jörg Zink, Träume sind eine vergessene Sprache ..., aus: ders., Zwölf Nächte. Was Weihnachten bedeutet. Herder Freiburg i. Br. 1994 © Verlag am Eschbach, Eschbach/Markgräflerland

Rose Ausländer, Träumende Heimat („Ich küsse dich Nacht ..."), aus: dies., Wieder ein Tag aus Glut und Wind. Gedichte 1980–1982 (GA Band 6) © S. Fischer Verlag GmbH Frankfurt/Main 1986

6. Tag

David Steindl-Rast, „Die Augen meiner Augen sind geöffnet", aus: ders., Fülle und Nichts, Von innen her zum Leben erwachen, © Herder Freiburg i. Br. 1999

Anselm Grün, Wer wachsam ist, aus: ders., Weihnachten – Einen neuen Anfang feiern. Fest zwischen den Zeiten. © Herder Freiburg i. Br. 1999

7. Tag

Robert Walser, „Schneien", Auszug, aus: ders., Das Gesamtwerk, © Suhrkamp Verlag Zürich/Frankfurt 1978, mit Genehmigung der Inhaberin der Rechte, der Carl-Seelig-Stiftung Zürich

Catarina Casten, Genug um zu hoffen, aus: dies., Meine Hoffnung hat Niederlagen © Otto Müller Verlag, Salzburg 1988

8. Tag

Christa Steege, Die Kerzenstunde, aus: Im rechten Licht, Ein Advents- und Weihnachtsbüchlein, Sonnenweg-Verlag Neuffen 1965

Dorothee Sölle, Konzentrationsübung, aus: dies., die revolutionäre geduld. © Wolfgang Fietkau Verlag, Kleinmachnow 1969

9. Tag

Joachim-Ernst Berendt, Das Entscheidende geschieht, wenn etwas aufhört, aus: Kraft aus der Stille, Vom Wachsen des Bewußtseins, © 2003 Dromer Knaur, München

Bert Noglik, Unmöglich (Provokation), Auszug, aus: ders., Doktor Murke und Mister Smith, in: Die Wochenzeitung Zürich, 20. 10. 1995. © beim Autor

10. Tag

Silvia Ostertag, Es genügt, auf die Stille zu horchen, aus: dies., Lebendige Stille, Einleitung © Herder Freiburg i.Br. 2002

Dorothee Sölle, Du sollst dich selbst unterbrechen, aus: dies./ Luise Schottroff. Den Himmel erden. Eine ökofeministische Annäherung an die Bibel. © 1996 Deutscher Taschenbuch Verlag, München

11. Tag

Ulrich Schaffer, In der Dichte des Lebens, © Herder Freiburg i. Br. 2003

Jakob Paul Gillmann, Stille, ins Hochdeutsche übertragen vom Autor aus: ders., Alles het zwo Syte, Zytglogge Verlag 2003 © der hochdeutschen Fassung beim Autor

Hanns Dieter Hüsch, Stille, aus: ders., Das Schwere leicht gesagt, 1997/4 © tvd-Verlag Düsseldorf 1991

12. Tag

Karl Rahner, Habe den Mut, allein zu sein, aus: ders., Schriften zur Theologie Bd III Zur Theologie des geistlichen Lebens, Benziger Verlag Einsiedeln Zürich Köln 1956 © Verlag Herder Freiburg i. Br.

13. Tag

Irmtraud Tarr, Schweigen, in: dies., Vom leichten Glück der einfachen Dinge © Herder, Freiburg i. Br. 1998

Alexander Solschenizyn, Doktor Oreschtschenkow, aus: ders., Krebsstation © Hermann Luchterhand Vlg GmbH, Neuwied und Berlin

14. Tag

Bernardin Schellenberger, Stilleben, aus: ders., Spirituell leben, ungedrucktes Vortrags-Manuskript © beim Autor

Bodo Rieger, Homo absurdus, aus: Das Fastenlesebuch, S. 351, 2003, 2. Auflage, hrsg. vom Gemeinschaftswerk der Evangelischen Publizistik

15. Tag

Barbara Breuer, Herzliches Nein, aus: der andere advent 1999/2000, hg.v. Andere Zeiten e.V. – Initiativen zum Kirchenjahr

Pierre Stutz, Gelassen der Mensch der sich nicht ausnützen läßt, in: ders., Meditationen zum Gelassenwerden © Herder Freiburg i. Br. 2001

16. Tag

Iris Mainka, Verwünscht, aus: DIE ZEIT, 20.12.1996

17. Tag

Wilhelm Raabe, Diese zwei Porzellan-Gegenstände fehlten uns grade noch …, aus: „In alls gedultig", Briefe Wilhelm Raabes, Hg. v. Wilhelm Fehse, Berlin 1940

David-Steindl-Rast, Wir können nicht nur mit uns selbst auskommen, aus: ders., Fülle und Nichts, Von innen her zum Leben erwachen, © Herder Freiburg i. Brg 1999

Miroslav Holub, Wie man vollkommene Weihnachten malt, aus: ders., Obwohl … Gedichte. Aus dem Tschech. v. Peter Künzel. Carl Hanser München © Jitha Langrova-Holubova, Prag

18. Tag

Bertolt Brecht, Keinen verderben lassen, in: ders., Der gute Mensch von Sezuan, ders., Werke. Große kommentierte Berliner und Frankfurter Ausgabe. © Suhrkamp Verlag Frankfurt/Main

Theodor W. Adorno, Umtausch nicht gestattet, aus: Minima Moralia. Reflexionen aus dem beschädigten Leben © Suhrkamp Verlag Frankfurt/Main 1951

Margarete Kubelka, Weihnachten, aus: dies., Wie das Kamel zu seinen Höckern kam, Verlag am Eschbach der Schwabenverlag AG 1997 © Erbengemeinschaft Margarete Kubelka

19. Tag

Günter Eich, Schlüssel, aus: Gesammelte Werke, Band 1: Die Maulwürfe © Suhrkamp Verlag Frankfurt 1973

Lars Gustafsson, Die Uhren aus: ders., Die Kunst, den November zu überstehen und andere Geschichten. Mit einem Vorwort von Herrn Gustafsson persönlich. Aus dem Schwedischen von Verena Reichel u. a. © 1988 Carl Hanser Verlag, München – Wien

20. Tag

Ulrich Schaffer, Manchmal lässt sich das Glück, aus: ders., In der Dichte des Lebens © Herder Freiburg i. Brg 2003

Sylvia Wetzel, Loslassen (Auszüge), aus: Hartlieb/Quarch/Schellenberger (Hgg), Spirituell leben. Inspirationen von Achtsamkeit bis Zufall © Herder Freiburg i. Br. 2002

Jakob Paul Gillmann, Die Glut, ins Hochdeutsche übertragen vom Autor aus: ders., Alles het zwo Syte, Zytglogge Verlag 2003 © der hochdeutschen Fassung beim Autor

21. Tag

Heinrich Seuse, Geht aber der helle Morgenstern auf, Dt. mystische Schriften, Düsseldorf 1986

Matthias Claudius, Die Sternseherin Lise (Um Mitternacht), in: ders., Unterm Mond ist viele Freude, Reclam Leipzig 1990

22. Tag

Anselm Grün, Warten, in: ders., Weihnachten – Einen neuen Anfang feiern. Fest zwischen den Zeiten. © Herder Freiburg i. Brg 1999

Karlheinz A. Geißler, In Wirklichkeit warten wir, aus: ders., Zeit. Verweile doch, du bist so schön, © Verlag Herder Freiburg i. Br. 2000

23. Tag

Dorothee Sölle, Wer wartet, ist lebendig, in: dies., Die Wahrheit ist konkret, © Dorothee Sölle/Rechtsnachfolger

Pierre Stutz, In Zeiten des Neuanfangs, aus: ders., Meditationen zum Gelassenwerden © Herder Freiburg i. Brsg 2001

24. Tag

Jörg Zink, An einem Geburtstag, aus: ders., Zwölf Nächte. Was Weihnachten bedeutet. Herder Freiburg i. Brsg 1994 © Verlag am Eschbach, Eschbach / Markgräflerland

Bertolt Brecht, Maria, aus: ders., Werke. Große kommentierte Berliner und Frankfurter Ausgabe © Suhrkamp Verlag Frankfurt/Main

25. Tag

Hans Dieter Hüsch, Die Bescherung, aus: ders./Marc Chagall, Das kleine Weihnachtsbuch, 2002/7 © tvd-Verlag Düsseldorf 1997

Weihnachtslied (O du mein Mopper), aus: Des Knaben Wunderhorn. Alte deutsche Lieder gesammelt von Achim von Arnim und Clemens Brentano. Krit. Ausg. Hg. u. komm. v. Heinz Rölleke. Bd 3. Reclam, Stuttgart 1987

Angelus Silesius, Du selber machst die Zeit, aus: ders., Cherubinischer Wandersmann, Carl Schünemann Verlag Bremen o. J.

26. Tag

Jakob Paul Gillmann, Die Christbaumwette, ins Hochdeutsche übertragen vom Autor aus: ders., Alles het zwo Syte, Zytglogge Verlag 2003, © der hochdeutschen Fassung beim Autor

Catarina Casten, Wie die Heilige Familie auf Wanderschaft ging, in: dies., Ich wünsche gute Feiertage. Geschichten für Weihnachten und andere Gelegenheiten © Verlag am Eschbach der Schwabenverlag AG 1998

Wir danken den Verlagen und Rechteinhabern für die Erteilung der Abdruckgenehmigungen. Trotz aller Bemühungen war es bei einigen Texten nicht möglich, die Rechteinhaber ausfindig zu machen. Honoraransprüche der Rechteinhaber bleiben bestehen.

Kerzenschein und Tannenduft

Norbert Blüm
Vom Weihnachtsmann
Geschichten von freudigen Überraschungen
Band 7018
Wir alle dürfen an den Weihnachtsmann glauben, denn es gibt ihn tatsächlich, wie diese Geschichten beweisen.

Odilo Lechner
Vom Weihnachtsstern
Geschichten vom Weg und vom Ziel
Band 7017
Ein Stern als Zeichen der Verheißung, dass ein Licht die Dunkelheit erhellt und ein Wegweiser, der allen leuchtet, die bereit sind zu sehen.

Klaus Kreitmeir
Alles über Weihnachten
Das kleine Weihnachts-ABC
Band 7016
Alles Wissenswerte rund um das Fest, von „A" wie Advent bis „Z" wie Zwölf Nächte.

Christiane Hörbiger
Vom Weihnachtsengel
Geschichten von wunderbaren Begegnungen
Band 7015
Die schönsten Geschichten irdischer und überirdischer „Weihnachtsengeln".

Karl H. Waggerl
Als den Hirten der Stern erschien
Meine schönsten Weihnachtsgeschichten
Band 5073
Kaum ein anderer hat die lichte Wärme einer vom Geheimnis umstrahlten Weihnacht so in seine Erzählkunst gefasst wie Karl H. Waggerl.

Anselm Grün
Weihnachten – Einen neuen Anfang feiern
Fest zwischen den Zeiten
Band 4935

Anselm Grün legt die alten spirituellen Bilder der Advents- und Weihnachtszeit für heute ganz neu in ihrer tiefen psychologischen Bedeutung aus.

Senta Berger
Meine schönsten Weihnachtsgeschichten
ISBN 3-451-28254-2

Tannenduft und Kerzenschimmer, Weihnachtslieder und Lebkuchen gehören zum Weihnachtsfest. Aber vor allem: Gute Geschichten. Senta Berger hat hier ihre schönsten Weihnachtsgeschichten versammelt.

Wolfgang Kasack
Russische Weihnachten
Ein literarisches Lesebuch
Band 5075

„Ein faszinierendes Zeugnis der alten und ungebrochenen russischen Fähigkeit zu echter, festlicher Freude" (Münchner Merkur).

Pierre Stutz
Weihnachten – unserer Sehnsucht folgen
Band 5098

Pierre Stutz zeigt Möglichkeiten, anders zu feiern. Ein Buch voll neuer Gedanken, Meditationen, Ideen und Inspirationen.

Jörg Zink
Zwölf Nächte
Was Weihnachten bedeutet
Band 5076

In zwölf nächtlichen Meditationen bringt Jörg Zink dem Leser die auch heute noch gültige Botschaft vom Licht in einer dunklen Welt nahe.

In der Ruhe liegt die Kraft

Karlheinz A. Geißler
Es muss in diesem Leben mehr als Eile geben
Band 5045
Ein spannendes Buch vom Hasten und Rasten. Das Fazit von „Europas bekanntestem Zeitforscher" (PM).

Karlheinz A. Geißler
Zeit – verweile doch...
Lebensformen gegen die Hast
Band 4875
„Das Buch für ein menschlicheres Zeitverständnis" (SZ).

Eugen Drewermann
Zeiten der Liebe
Band 5057
Die poetischen Texte treffen den Kern existentieller Fragen. Sie lassen Wege erkennen, die zu einem Leben der Liebe führen.

Gelassenwerden
Herausgegeben von Rudolf Walter
Band 5078
Die innere Gelassenheit wächst, wenn man ihr Raum gibt, wenn es gelingt, loszulassen, Vertrauen zu gewinnen, das Ganze zu sehen.

Anselm Grün
Herzensruhe
Im Einklang mit sich selber sein
Band 4925
Leistung und äußerlicher Wohlstand allein können nicht bringen, wonach sich Menschen wirklich sehnen: innere Ruhe und Seelen-frieden. Der moderne Seelenführer zu einem tieferen Leben.